Ron Wolfson
Der Himmel sucht Mitarbeiter

Ron Wolfson

Der Himmel sucht Mitarbeiter

Gottes Aufgaben-Liste für seine irdischen Helfer

Aus dem Amerikanischen
von Astrid Ogbeiwi

ISBN 978-3-86191-011-4

© 2011 Crotona Verlag GmbH
Kammer 11 • D-83123 Amerang
www.crotona.de

© der amerikanischen Originalausgabe:
God´s To-Do List
103 Ways to be an Angel and do God´s Work on Earth
Jewish Lights Publishing, P.O.Box 237, Woodstock,
VT 05091, USA

Umschlaggestaltung: Annette Wagner

Druck: Bercker • Kevelaer

Inhalt

Einführung 9

1   ◎   Erschaffe...37
2   ◎   Segne...47
3   ◎   Ruhe..57
4   ◎   Rufe...65
5   ◎   Tröste..77
6   ◎   Fürsorge 89
7   ◎   Repariere 99
8   ◎   Ringe..109
9   ◎   Gib...123
10 ◎   Vergib 137

Was kommt dann? 151
Drei weitere Möglichkeiten, ein Engel zu
sein und Gottes Werk auf Erden zu tun 153

Nachwort...163

Hinweis an die Leserinnen und Leser.........................172

Quellenangaben und Literaturempfehlungen 173

Für Susie,
meinen Engel

ꙮ Einführung

1. Gottes Aufgaben-Liste

Gott hat eine Aufgaben-Liste für dich.

„Für mich?"

Genau. Für *dich*.

Du bist Gottes Mitarbeiter.

Gott braucht dich, um die stetig andauernde Erschaffung der Welt fortzusetzen.

„Was? Wer? Ich? Ich soll Gottes *Mitarbeiter* sein?"

Ja, das bist du.

Weil du nach dem Bilde Gottes erschaffen bist.

So heißt es ganz zu Anfang der Bibel:

> Da schuf Gott den Menschen in seinem Bild; im Bilde Gottes
> schuf er ihn; Mann und Weib schuf er sie.
>
> BERESCHIT – ANFÄNGE (1. MOSE) 1, 27 (TUR-SINAI)

„Moment mal. Was heißt das eigentlich, ‚im Bilde Gottes erschaffen sein'?"

Das heißt, dass der göttliche Funke in dir ist.

Und dass Gott dich zu einem bestimmten Sinn und Zweck auf diese Welt gebracht hat.

Zum höchsten Sinn und Zweck.

Und der lautet:

Du sollst Gottes Werk tun.

Immer wieder fragen wir uns:

Wozu um alles in der Welt sind wir hier?

Die Antwort lautet:

Um die Aufgaben zu erfüllen, die Gott für uns hat.

Manche Glaubensrichtungen sprechen dabei vom „Reparieren der Welt".

Andere sagen, so werde Gottes Reich im Himmel auch auf die Erde gebracht.

„Puh! Das ist etwas für eine Mutter Teresa! Ich bin kein Heiliger. Ich habe doch gar nicht die Macht, die großen Weltprobleme zu lösen."

Das mag stimmen. Aber ...

Du kannst jemanden anrufen, der einsam ist.

Du kannst eine kranke Freundin oder einen kranken Freund besuchen.

Du kannst einem Kind ein Buch vorlesen.

Du kannst einen Trauernden trösten.

Du kannst dich ehrenamtlich engagieren.

Du kannst etwas bewirken.

Du kannst ein wenig von dir selbst geben – von einem Selbst, dass von Gottähnlichkeit beseelt ist.

Ganz egal, welchen Glaubens du bist, du kannst die Vorgaben auf Gottes Aufgaben-Liste erfüllen.

Gott braucht dich

„Entschuldigung, würdest du das bitte noch einmal wiederholen?"

Gott braucht dich.

Es stimmt, dass der Gott der Bibel ein Gott ist, der allmächtig und allwissend ist, ein echter Wundertäter.

Doch selbst Gott erkannte, dass die Welt jemand ganz besonderen benötigte, menschliche Wesen, die im wahrsten Sinne des Wortes beseelt sind mit dem Odem – dem Geist – Gottes. Sie sollten an vorderster Front die Hüter der Schöpfung sein.

Gott schafft das nicht alleine. Deshalb hat er dich geschaffen.

„Hat Gott keine Engel, die ihm dabei helfen können?"

Schon, aber ...

Gott ist nicht auf die Engel angewiesen.

Gott ist darauf angewiesen, dass du ein Engel bist.

So unglaublich das klingen mag: Du bist Gottes Botschafter auf Erden.

> *Gott ist nicht auf die Engel angewiesen. Gott ist darauf angewiesen, dass du ein Engel bist.*

Du bist Gottes Hände, Füße, Augen, Ohren und – am allerwichtigsten – Gottes Herz.

Gott braucht dich.

Immer, wenn du etwas Freundliches tust, so gering es auch sein mag, dann trägst du Gottes Gegenwart in die Welt, in *deine* Welt.

Gott hat eine Aufgaben-Liste – für *dich*.

Im Bilde Gottes

Es ist vielleicht der wichtigste Vers in der ganzen Bibel. Deshalb möchte ich ihn noch einmal wiederholen:

> Da schuf Gott den Menschen in seinem Bild; im Bilde Gottes schuf er ihn; Mann und Weib schuf er sie.
>
> BERESCHIT – ANFÄNGE (1. MOSE) 1, 27 (TUR-SINAI)

Bist du ein Spiegelbild – ein Ebenbild – Gottes?

Wie siehst du am Morgen aus?

Ich will dir einmal sagen, wie ich am Morgen aussehe. Ich wache auf und gehe ins Bad. Ich sehe in den Spiegel. Das Haar steht mir normalerweise in allen Richtungen vom Kopf, mein Gesicht ist verquollen, und in den Augenwinkeln sitzt noch das Sandmännchen. Da stehe ich nun in meinem verknitterten Schlafanzug und sehe wer weiß wie aus, auf jeden Fall nicht wie ein starker, kompetenter oder erfolgreicher Mann. Noch habe ich meine Brille nicht auf, deshalb ist das Bild etwas verschwommen … aber immerhin erkenne ich, dass ich es bin.

Oder etwa nicht?

Welches Abbild zeigt der Spiegel wirklich?

Wer bin ich?

Wer bist du?

„Das geht jetzt aber ganz schön in die Tiefe."

Bleib einfach dran.

Bin das im Spiegel wirklich ich – meine vielen Ichs – der Ehemann, der Freund, der Lehrer oder der Nachbar?

Oder bin ich das – ein Mensch, erschaffen im Bilde Gottes?

Der Spiegel gehört mir nicht.

Wie alle Dinge auf Erden, besitze ich ihn nur vorübergehend.

Der Spiegel gehört Gott.

Und auch das Abbild darin gehört Gott.

Wie du, bin auch ich im Bilde Gottes geschaffen (auf Hebräisch *b'tzelem Elohim*). Bin geschaffen, um Gottes Botschafter auf dieser Erde zu sein, Gottes Partner beim Hüten, Reparieren und Lieben der Erde. Gottes Ebenbild zu werden und Gottes Werk zu tun, ist der höchste Sinn und Zweck meines Lebens – und es ist auch der höchste Sinn und Zweck deines Lebens.

> Wenn ich in einen Spiegel schaue, wen sehe ich dann?

Wenn du wieder einmal in einen Spiegel schaust, dann stelle dir folgende Frage:

Wenn ich in einen Spiegel schaue, wen sehe ich dann?

Das Bild im Spiegel

Ich möchte, dass du etwas tust. Bitte schaue gleich jetzt einmal in den Spiegel.

„Muss das sein?"

Versuche es. Wenn du gerade keinen Spiegel zur Hand hast, dann hole dir einen. Diese kleine Übung könnte dazu führen, dass du dich selbst und andere in Zukunft völlig anders siehst!

Schaue dein Gesicht genau an. Besonders die Stelle unter deiner Nase. Siehst du die kleine vertikale Vertiefung?

Das ist das sogenannte Philtrum. Jeder Mensch hat eines.

„Gut und schön. Und warum haben wir das?"

Vor zweitausend Jahren stellte ein Lehrer, Rabbi Bunim, die gleiche Frage. Aus seiner kreativen Fantasie und tiefen Erkenntnis heraus gab er folgende Erklärung:

> Das Kind im Leibe seiner Mutter … Man lehrt ihn die ganze Thora, wie es heißt: Er unterwies mich und sprach zu mir: Dein Herz erfasse meine Worte und wahre meine Gebote und du lebst. … Sobald er in den Weltenraum gekommen ist, kommt ein Engel, klapst ihm auf den Mund und macht ihn die ganze Thora wieder vergessen.
>
> DER BABYLONISCHE TALMUD, NIDDA 30 B

Mit anderen Worten könnte man sagen:

> *Während du noch im Mutterleib bist, schickt Gott einen Engel, der sich zu dir setzt und dich alle Weisheit lehrt, die du brauchst, um Gottes Partner auf Erden sein zu können. Unmittelbar vor deiner Geburt dann, tapst der Engel dir unter die Nase und formt*

dabei das Philtrum, eben jene Vertiefung, die alle Menschen haben. Und du vergisst alles, was der Engel dich gelehrt hat![1]

Obwohl also der göttliche Funke in dir ist, musst du doch wieder lernen, ein heiliges Leben zu führen. Immer wenn du in einen Spiegel schaust und das Grübchen unter deiner Nase siehst, erinnert es dich daran, dass du nicht nur von einem Engel *berührt* worden bist, sondern auch das Potenzial in dir trägst, selbst ein Engel zu sein.

„Was soll ich denn machen, wenn ich in den Spiegel schaue und einen überarbeiteten, müden Menschen sehe, beladen mit Sorgen, gequält von Selbstzweifeln und gelähmt durch ein Gefühl der Ohnmacht?"

In diesem Fall mache ich Folgendes: Ich fasse in meine Taschen. Zwei Taschen.

Einer Überlieferung nach sollte man immer zwei Zettel bei sich haben, einen in jeder Tasche. Auf dem einen steht folgendes Bibelzitat:

Ich bin ja Staub und Asche.

IM ANFANG (1. MOSE) 18, 27 (BUBER)

Auf dem zweiten Zettel stehen die Worte:

Meinetwegen ist die Welt erschaffen worden.

DER BABYLONISCHE TALMUD, SYNHEDRIN 37A

---

1   Das Talmud-Zitat wird von Ron Wolfson in einer sehr modernen Sprache und im Stil des Autors aufgeführt. Die Fassung des deutschen Talmud weicht jedoch deutlich davon ab. Aus Gründen der Authentizität wurde deshalb sowohl das Talmud-Zitat in seinem Wortlaut als auch Wolfsons Version aufgenommen (eventuell wurde das Zitat einem Talmud für Kinder entnommen oder, was eher vermutet wird, es wurde vom Autor selbst ein wenig angepasst). Anm. d. Übers.

„Moment mal. Erst sagst du mir, ich sei im Bilde Gottes erschaffen, dann behauptest du, ich sei bloß Staub und Asche, und jetzt erzählst du, die ganze Welt sei um meinetwillen erschaffen worden? Was soll das? Was gilt denn nun? Wer bin ich?"

Die beiden Zettel dienen unterschiedlichen Zwecken. Wenn du total von dir überzeugt bist, Oberwasser hast und zeitweise glaubst, du bist der oder die Größte, erinnert dich der eine Zettel daran, dass du letztendlich – wie alle anderen Menschen auch – nur eine begrenzte Zeit auf dieser Erde weilst und am Ende unweigerlich zu Staub und Asche zerfallen wirst.

In einer seiner Predigten veranschaulichte der Autor John Ortberg diese Tatsache anhand einer eindrücklichen Metapher. Stelle dir ein Brettspiel vor. Zum Beispiel Monopoly. Als Kind hat Ortberg seine Großmutter liebend gern zu einem Spiel herausgefordert. Seine Großmutter war von dem Schlag, der Kinder bei einem Wettbewerb nie gewinnen lässt, damit sie so fürs Leben gestärkt werden. Also gewann sie ständig … bis John die erforderliche Taktik erlernt hatte, Geld klug anzusparen und auszugeben, Eigentum zu erwerben und das Spiel zu bestimmen. Eines ruhmreichen Tages endlich schlug John seine Großmutter im Monopoly. Aber als John stolz seinen ganzen Besitz betrachtete, verabreichte sie ihm noch eine letzte Lektion:

„Und jetzt kommt alles wieder in die Kiste."

Stimmt. Alles auf der Welt gehört Gott.

SEIN ist die Erde und was sie füllt.

PREISUNGEN (PSLAM) 24, 1 (BUBER)

Wir dürfen Gottes Sachen nur eine Zeit lang benutzen. Und ganz gleich, wie viel wir anhäufen, es gehört uns nicht. Das letzte Hemd hat keine Taschen. Es kommt alles wieder in die Kiste.

„Ich verstehe. Das ist so, als wenn meine Mutter sagt: ‚Du kannst nichts mitnehmen.'"

Genau. Aber wenn es dir schlecht geht, dann besagt dieselbe Tradition, dass du dir den Zettel in deiner anderen Tasche anschauen sollst: „Meinetwegen ist die Welt erschaffen worden." Dann fühlst du dich wieder wie der wichtigste Mensch auf Erden. Doch erkenne auch die tiefere Bedeutung dieser Worte. Rick Warren, der Verfasser des Buches *Leben mit Vision: Wozu um alles in der Welt lebe ich?*[2], weist darauf hin, dass dies nicht bedeutet, dass alles in der Welt erschaffen wurde, um *uns zu dienen*, sondern dass die Menschen zum *Dienen* erschaffen wurden. Jeder Mensch hat seine einzigartige Rolle, seine ganz bestimmten Gaben und Fähigkeiten, mit denen er auf der Welt etwas bewirken kann. Kein anderer Mensch kann denselben Beitrag leisten wie du. Du bist vielleicht nur ein einzelner Mensch auf der großen weiten Welt, aber vielleicht bist du auch die Welt für einen einzelnen Menschen.

Du bist wichtig.

„Verantwortung für die ganze Welt zu tragen, ist aber eine Riesenaufgabe!"

Ja, aber lasse dich davon nicht überwältigen. Gott möchte einzig und allein, dass du den wahren Sinn und Zweck deines Hierseins erkennst und entsprechend handelst. Eine Spruchweisheit besagt:

> Der Tag ist kurz; aber der Arbeit ist viel … . Es liegt nicht bei dir, die Arbeit zu vollenden, und du hast nicht die Freiheit, dich ihrer zu entledigen.
>
> SPRÜCHE DER VÄTER 2, 15-16[3]

---

2   Warren, Rick, Leben mit Vision. Wozu um alles in der Welt lebe ich? Gerth Medien, 2003.

3   Aus: Die Mischna, Ins Deutsche übertragen und mit einer Einleitung und Anmerkungen von Dietrich Correns, Marix Verlag, Wiesbaden 2005.

Du hast die Wahl. Du kannst in den Spiegel schauen und ein dumpf kauerndes Säugetier sehen, oder du kannst in den Spiegel schauen und ein zielbewusstes menschliches Wesen erkennen, von Gott erschaffen als Verwalter der Erde und dessen, was sie füllt. Ob du dich fühlst wie ein Klumpen Staub oder wie einer, um dessentwillen die ganze Erde erschaffen wurde, hängt davon ab, ob du den göttlichen Funken in deinem Inneren entfachen - und Gottes Aufgaben-Liste anpacken kannst.

Auf der nächsten Seite findest du zwei Sätze:

Ich bin ja Staub und Asche.
Meinetwegen ist die Welt erschaffen worden.

Kopiere dir die Seite, schneide sie entlang der Perforationslinie durch und stecke die beiden Teile in deine Taschen, in deinen Geldbeutel oder in deine Brieftasche.

Ich bin ja Staub
und Asche.

❋

Meinetwegen ist die Welt
erschaffen worden.

Spiegelbilder

Denke einmal an die allerersten Worte auf Gottes Original-Top-Ten-Aufgaben-Liste – den Zehn Geboten: „Ich bin dein Gott."[4] Dein" heißt im Hebräischen *Elohekha*; es steht im Singular. Wäre es nicht sinnvoller gewesen, Gott hätte „Euer" gesagt und mithin im Plural statt im Singular gesprochen? Immerhin richtete Gott seine Aufgaben-Liste an das gesamte Volk Israel, 600.000 an der Zahl, das am Fuße des Berges Sinai versammelt war. Den Rabbis fiel dies auf, und sie erklärten es folgendermaßen:

> Gott ist wie ein Spiegel. Der Spiegel ändert sich nie, aber jeder, der hineinschaut, sieht ein anderes Gesicht. Tausend mögen hineinschauen, und er spiegelt einen jeden von ihnen. Deshalb heißt es in der Schrift nicht, an die Gemeinschaft gerichtet, „Ich bin der Herr, euer Gott", sondern, an den Einzelnen gerichtet, „Ich bin der Herr, dein Gott."
>
> PESIQTA DERAV KAHANA 12[5]

Gottes Spiegel ist einer, aber die Spiegelungen darin sind viele. Jeder Mensch schaut in Gottes Spiegel und sieht ein bestimmtes, individuelles Spiegelbild Gottes.

> Du bist ein Abbild Gottes und wurdest auf diese Erde gebracht, um Gottes Werk zu tun.

„Also das will mir immer noch nicht so recht in den Kopf. Es gibt Tage, an denen käme es mir wirklich zuallerletzt in den Sinn, mich als „Abbild Gottes" zu betrachten."

Aber das bist du.

---

4   Namen (2. Mose) 20, 2 (Buber).
5   In der deutschsprachigen Ausgabe von Clemens Thoma und Simon Lauer, *Pesiqta de Rav Kahana*, Verlag Peter Lang, Frankfurt 1986, nicht enthalten. (Anm. d. Ü.).

Du bist ein Abbild Gottes und wurdest auf diese Erde gebracht, um Gottes Werk zu tun.

Zu entdecken, wie du Gottes Abbild sein kannst, wie du den Gottesfunken in dir entzündest, wie du ein göttliches Leben führst, wie du Gottes Partner beim anhaltenden Werk des Erschaffens der Welt und des Reparierens ihrer „Zerbrochenheit" sein kannst – das ist deine Aufgabe auf der spirituellen Reise, die vor dir liegt.

2. Wie Gott sein

Erinnerst du dich noch an Michael Jordan, einen der größten amerikanischen Basketballspieler aller Zeiten? Er war übermenschlich. Seine Würfe waren wie ein Wunder. Millionen beteten ihn geradezu an.

Auf der Höhe seines Ruhms gab es einen Werbespot im Fernsehen, der sich hauptsächlich an junge Leute richtete, die genau so erfolgreich, stark und ehrfurchtgebietend sein wollten wie er, wie ihr großes Vorbild Michael Jordan.

„Ach ja, war das nicht Werbung für Gatorade – dieses Sportgetränk?"

Genau. Der Slogan hieß „Be Like Mike" (Sei wie Mike). Und wie macht man das? Indem man Gatorade trinkt.

Die Bibel lehrt: *Sei wie Gott.*
„Und wie wird man wie Gott?"
Mache Gott zu deinem Vorbild.

> Mache Gott zu deinem Vorbild.

Heilig sein

Das wichtigste Gebot in der Bibel steht nicht auf Gottes Original-Aufgaben-Liste. Es findet sich im dritten Buch Mose, jenem Kodex an Gesetzen und Anweisungen, den Gott dem Volk Israel durch Moses übergeben hat. Und hier ist es:

> Heilig sollt ihr sein, denn heilig bin ich, der Ewige, euer Gott.
> WAJJIKRA – PRIESTERTUM (3. MOSE) 19, 1-2 (TUR SINAI)

„Sekunde mal. Was heißt das, *heilig* sein? Ich kann nett sein. Ich kann loyal sein. Ich kann ehrlich sein. Aber ich weiß nicht, ob ich *heilig* sein kann."

Genau darum geht es. Gott will, dass du heilig bist. Weil du nach Gottes Bild erschaffen bist. Wenn Gott heilig ist, dann solltest auch du – Gottes Spiegelbild – heilig sein.

Nach dem Aufruf Gottes an die Menschen, heilig zu sein, erklärt die Bibel genau, wie man in nahezu allen Lebensbereichen heilig sein kann:

Ehre deine Eltern.
Halte den Schabbat ein.
Mache dir keine Götzen.
Achte darauf, was du isst.
Lasse etwas von deinem Essen für die Armen übrig.
Sei freundlich.

Und so geht es weiter. Gesetz nach Gesetz wird aufgezählt: Für die Familie, den Jahreskreis, das Geschäftsleben und die nachbarschaftlichen Beziehungen.

Bibelgelehrte nennen diese Kapitel das „Heiligkeitsgesetz".

Es ist eine Möglichkeit, das Heiligsein zu erlernen.

Aber es gibt noch einen weiteren Weg zur Heiligkeit.

Du kannst auf Gottes Wort hören und du kannst zusätzlich Gottes Handeln beobachten. Ja, Gott sagt das genau so in der Bibel:

IHM, eurem Gott gehet nach.

REDEN (5. MOSE) 13,5 (BUBER)

„Was bedeutet das: Gott nachgehen?"

In Gottes Fußstapfen treten.

„Aber ein Mensch kann doch gar nicht in Gottes Fußstapfen treten."

Gehe dem Handeln Gottes nach, des Einzigen und Barmherzigen.

Wie kannst du heilig sein?

Sei wie Gott.

Verhalte dich wie Gott.

Handele nach Gottes Aufgaben-Liste.

Das Handeln Gottes

Hast du eine Hausratversicherung?

„Ja."

Hast du bei einem schweren Sturm oder Erdbeben schon einmal jemanden sagen hören: „Das war Gottes Werk."

„Natürlich."

Nun, deine Versicherungsgesellschaft schützt dich vor den Folgen von menschlichem Versagen, aber nicht vor „Gottes Werk". Diese Wendung bringt Gott in Verruf. Eine bessere Umschreibung für Katastrophen wäre „Werk der Natur".

Gott tut gute Werke.

Die Bibel steckt voller Beispiele dafür, wie Gott in Bezug auf die Menschen handelt, die doch nach seinem Bilde geschaffen sind. Ein paar davon will ich hier aufzählen:

Gott kleidet die Nackten

Als Adam und Eva im Garten Eden vom *Baum der Erkenntnis* essen, erkennen sie, dass sie nackt sind – und es ist ihnen peinlich. Gott tut etwas Freundliches, um ihnen diese Peinlichkeit zu ersparen. „Er, Gott, machte Adam und seinem Weibe Röcke aus Fell und kleidete sie." (Im Anfang [1. Mose] 3, 21 [Buber])

> Du kannst auf Gottes Wort hören und zusätzlich Gottes Handeln beobachten.

Gott sorgt für die Braut

Als Adam und Eva heiraten, wer richtet ihnen da die Hochzeit aus? Sie haben ja keine menschlichen Eltern. Dennoch findet in der lebhaften Fantasie der Bibel-Kommentatoren eine Hochzeit statt. Wer ist Adams Trauzeuge? Gott. Ein Kommentator bereichert das Schauspiel um ein wunderhübsches Bild: Bevor Eva verheiratet wird, flicht Gott ihr die Haare (Der Babylonische Talmud, Berakhot 61a).

Gott besucht die Kranken

Als Abraham in Beziehung zu Gott tritt, wird er angewiesen (1. Mose 17, 24), sich zum Zeichen des Bundes zu beschneiden, und das im hohen Alter von neunundneunzig Jahren! Schon in der nächsten Szene schildert die Bibel, wie Abraham im Eingang seines Zeltes sitzt: „Und der Ewige erschien ihm bei den Terebinthen von Mamre, als er um die Tageshitze am Eingang seines Zeltes saß." (Bereschit – Anfänge [1. Mose] 18, 1 [Tur-Sinai]). Der Kommentator im Talmud (Sotah 14a) zitiert diese Stelle als erstes Beispiel dafür, dass Gott die Kranken besucht und ihnen das Geschenk seiner fürsorglichen Anwesenheit macht.

Gott tröstet die Trauernden

„Es geschah nach Abrahams Tod: Gott segnete Jizchak, seinen Sohn." (Im Anfang [1. Mose] 25,11 [Buber]). Dies ist das erste Mal, dass Gott einen Trauernden tröstet.

Gott nährt die Hungernden

Was essen die Israeliten auf ihrer 40-jährigen Wanderung durch die Wüste? Gott gibt ihnen Manna (2. Mose 16, 4).

Gott begräbt die Toten

Moses, Gottes großartiger Partner bei der wunderbaren Befreiung der Israeliten aus Ägypten, stirbt allein. Im Gegensatz zu Abraham und Sarah, die in der Höhle Machpela beerdigt sind, oder zu Rachel, die in einem Grab bei Bethlehem liegt, gibt es keine Angaben darüber, wo Moses genau beerdigt wurde. Wer vollbringt diesen letzten Akt der Freundlichkeit, der niemals vergolten werden kann?

Gott beerdigt Mose: „Dort starb Mosche, SEIN Knecht, im Lande Moab, auf SEIN Geheiß (wörtlich „durch den Mund des Herrn", was bedeutet, dass Gott seine Seele zurückforderte, indem er ihn küsste (der Babylonische Talmud, Mo'ed katan 28a). Er begrub ihn in der Schlucht, im Lande Moab (Reden [5. Mose] 34, 6 [Buber]).

„Das ist ja alles schön und gut. Danke für die Bibelstunde. Aber was hat das mit mir zu tun?"

Es hat jede Menge mit dir zu tun. Denn du bist Gottes Mitarbeiter auf Erden. Deshalb gilt:

Genau wie Gott die Nackten kleidet, sollst auch du die Nackten kleiden.

Genau wie Gott die Kranken besucht, sollst auch du die Kranken besuchen.

Genau wie Gott die Trauernden tröstet, sollst auch du die Trauernden trösten.

Genau wie Gott für die Braut sorgt, sollst auch du für die Braut sorgen.

Genau wie Gott die Hungernden nährt, sollst auch du die Hungernden nähren.

Genau wie Gott die Toten begräbt, sollst auch du die Toten begraben.

Ahme Gottes gute Werke nach, dann wirst du dich mit dem Göttlichen verbünden und eine bessere Welt erschaffen. Auf diese Weise kommen die Menschen dem Einssein mit Gott so nahe wie nur irgend möglich.

Punkt Nr. 1 auf Gottes Aufgaben-Liste

Schaue dir noch einmal die Aufgaben-Liste an, die die Grundlage für alle anderen bildet. Der erste Punkt auf Gottes Original-Top-Ten-Aufgaben-Liste lautet:

> Ich bin der Ewige, dein Gott, der ich dich geführt habe aus dem Land Mizraim, aus dem Sklavenhaus. Du sollst keine anderen Götter haben vor mir!
>
> SCHEMOT – AUSZUG (2. MOSE) 20, 2-3 (TUR-SINAI)

Das war ein sinnvoller Hinweis für ein Volk, das gerade aus dem götzenüberfrachteten Ägypten gekommen war und sich das Goldene Kalb gemacht hatte. Bei diesem Punkt geht es darum, Gott als den Einen anzuerkennen. Genau das bedeutet der Monotheismus – im christlichen, jüdischen und muslimischen Glauben gibt es nur einen Gott.

Dennoch dienen viele Menschen anderen Göttern.

Dem Gott des Geldes. Dem Gott der Mode. Dem Gott der Schönheit. Dem Gott der Arbeit. Dem Gott der Berühmtheit.

Beherrscht eines dieser Dinge dein Leben?

Wenn ja, dann ist es an dieser Stelle deine Aufgabe, an *einen* Gott zu glauben und die anderen Dinge nicht länger zu vergöttern. Tue das, wozu Gott dich auf diese Erde gebracht hat. Für Juden bedeutet das, in Gottes Fußstapfen zu treten und die Welt zu vervollkommnen, um Gottes Gegenwart auf die Erde zu bringen. Für Christen bedeutet es, Jesus nachzufolgen und sein Reich

> Gott hat dir eine Aufgaben-Liste gegeben.

zu errichten. Für Muslime bedeutet es, den Gesetzen Mohammeds zu folgen, um im Namen Allahs Gerechtigkeit und Frieden herbeizuführen.

Gott hat dir eine Aufgaben-Liste gegeben.

3. Gottes Aufgaben-Liste bearbeiten

Frage, was du tun kannst

Als John F. Kennedy zum Präsidenten der Vereinigten Staaten gewählt wurde, hielt er eine wahrhaft große Antrittsrede, die in die Geschichte einging und deren Wirkung bis heute anhält. Der bekannteste Satz aus seiner Rede zur Amtseinführung vom 20. Januar 1961 ist sein Aufruf zum Handeln:

> *Und so, meine amerikanischen Mitbürger, fragt nicht, was euer Land für euch tun kann, sondern fragt, was ihr für euer Land tun könnt.*

An dieser Stelle hätte er aufhören können, aber das tat er nicht. Kennedy beendete seine Rede mit der Begründung dafür, warum man fragen soll, was man tun kann.

> *Mit einem guten Gewissen als unserem sicheren Lohn und mit der Geschichte als Richterin unserer Taten wollen wir voranschreiten und das Land führen, das wir lieben, und um Gottes Segen und um seine Hilfe bitten, aber im Wissen darum, dass sein Werk wirklich das unsrige sein muss.*

In diesem Buch geht es darum, dass Gottes Werk hier auf Erden wirklich unser Werk sein muss. Es geht darum, uns zu fragen, was wir als Gottes Mitarbeiter tun können.

Schreite voran

Präsident Kennedys Aufruf „voranzuschreiten" enthält Anklänge an Gottes Aufruf an Abraham und Sarah in der Bibel:

Zieh du aus deinem Land ... und vom Hause deines Vaters ...
BERESCHIT – ANFÄNGE (1. MOSE) 12,1 (TUR-SINAI)

Mit anderen Worten, du stehst am Beginn einer Reise. Wenn es in der gesamten Bibel eine übergeordnete Metapher gibt, dann die der Reise. Denke nur einmal an all die Reisen, zu denen die Hauptfiguren aufbrechen: Adam und Eva, Noah, Abraham und Sarah, Jakob, Joseph, Moses – sie alle werden von Gott zu wichtigen Reisen aufgerufen.

> Gottes Werk hier auf Erden muss wirklich unser Werk sein.

Wie unternimmt man eine Reise?

Hast du schon einmal einen Urlaub geplant?

„Natürlich."

Woher hast du dir die nötigen Informationen beschafft?

„Aus dem Internet, aus Reiseführern, durch Empfehlungen von Freunden."

Bist du Mitglied in einem Verkehrsclub?

Ich bin im AAA. Meine Mitgliedskarte habe ich immer im Geldbeutel. Ich bin schon seit sechsunddreißig Jahren Mitglied; und in all den Jahren habe ich die Karte immer nur bei kleinen Pannen benutzt – einmal hatte ich einen Platten und drei Mal war die Batterie leer. Bis ich eines Tages, als wir unsere Tochter Havi zur Universität Michigan fahren und dabei unsere Verwandten in Omaha besuchen wollten, eine Landkarte für die Strecke nach Ann Arbor brauchte. Mir fiel meine AAA-Karte wieder ein. Also suchte ich deren örtliches Büro auf. Dieses Erlebnis sollte mein Leben verändern.

Als ich hereinkam, wurde ich an der Rezeption herzlich begrüßt. Ich zeigte der Dame am Empfang meine Mitgliedskarte und bat um eine Karte von Omaha nach Ann Arbor.

„Gerne", sagte sie. „Natürlich haben wir eine Karte für Sie. Aber möchten Sie sich nicht lieber mit jemandem unterhalten, der Ihnen bei der Planung Ihrer Reise wirklich weiterhelfen kann?"

Ich hatte es nicht besonders eilig und war daher einverstanden.

Nur wenige Minuten später wurde ich zu einem Schalter geleitet und Steve, meinem persönlichen Berater, vorgestellt.

„Hallo, ich bin Steve. Wie kann ich Ihnen helfen?"

„Ich möchte von Omaha nach Ann Arbor fahren …"

„Wunderbar", erwiderte Steve und zog eine riesige Karte der Vereinigten Staaten hervor. Mit gelbem Leuchtstift markierte er die Strecke von Omaha nach Ann Arbor, um mir einen Überblick über die Reise zu verschaffen.

„Danke", sagte ich und wollte schon mit meiner Karte wieder gehen.

„Warten Sie eine Sekunde", hielt er mich auf. „Ich möchte Ihnen etwas zeigen."

Steve zog eine Karte der Central States hervor und wiederholte seine Prozedur: Mit dem gelben Leuchtstift markierte er die Route von Omaha nach Ann Arbor. Mir fiel auf, dass diese Karte genauere Angaben enthielt als die erste.

„Danke", sagte ich und wollte mich mit meiner zweiten Karte unter dem Arm auf den Weg machen.

Doch weit gefehlt. Steve hatte noch ein As im Ärmel.

„Jetzt, da wir einen Überblick haben, erstelle ich Ihnen einen TripTik."

„Einen was?", fragte ich

Steve stellte eine ganze Reihe kleiner länglicher Karten von eben jener Reiseroute zusammen, die er auf der großen und auf der Regionalkarte eingezeichnet hatte. Jede Karte zeigte einen Abschnitt der Strecke von höchstens etwa zweihundertfünfzig Kilometern Länge.

Die TripTik-Karten unterschieden sich ganz wesentlich von den größeren Karten der Vereinigten Staaten. Sie waren sehr viel detaillierter, es standen Hinweise zur Landschaft darauf („sanft geschwungene Maisfelder gehen nach Osten hin in Viehweiden über") und auf der Rückseite standen sogar kurze Beschreibungen von Sehenswürdigkeiten, die an der Strecke lagen.

Mir fiel auf, dass die Straße unmittelbar südlich von Des Moines im Bundestaat Iowa ins Madison County führte.

Ich konnte nicht anders, ich musste Steve einfach fragen: „Ist das *das* Madison County?"[6]

Steve lachte: „Genau! Meine Frau hat mir das Buch auch zum Lesen gegeben!"

„Kann man die Brücken von Madison County etwa besichtigen?"

„Na klar! Meine Frau hat mich vor ein paar Jahren dorthin geschleppt. Sie sind unwahrscheinlich romantisch. Meine Frau war ganz begeistert. Wenn Sie Zeit haben, sollten Sie dort unbedingt anhalten. Möchten Sie eine Karte?"

Auf diese Weise sprach Steve die gesamte Wegstrecke mit mir durch. Karte um Karte zog er hervor, und zum glorreichen Abschluss legte er noch zwei dicke Routenbücher obendrauf. Sie enthielten Sehenswürdigkeiten, Unterkünfte und Vorschläge für Unternehmungen während der Reise. Als die Beratung nach einer Dreiviertelstunde zu Ende war, hatte ich einen ganzen Sack voll mit Karten, Routenbüchern und meinem persönlichen TripTik. Ich verließ die Niederlassung des A A A voller Zuversicht und Vorfreude auf unsere Reise.

Wie bei Reisen quer durchs ganze Land macht man auch bei spirituellen Reisen immer nur einen Schritt auf einmal.

Stelle dir dein Leben einmal als einen Spaziergang mit Gott vor.

Am Schluss des dritten Buches Mose verspricht Gott: Wenn wir

---

6 Madison County ist der Schauplatz des Romans *Die Brücken am Fluss* von Robert James Wallen, der mit Clint Eastwood und Meryl Streep in den Hauptrollen verfilmt wurde. (Anm. d. Ü.)

seine Gesetze befolgen und seine Gebote – unsere Aufgaben-Liste – einhalten, dann belohnt er uns mit reichem Segen (3. Mose 26, 3-13). Das hebräische Wort für „(be)folgen" ist *taileikhu*. Wörtlich bedeutet das *du wirst gehen.*

Wie geht man mit Gott?

Setze einen Fuß vor den anderen – und fange an.

> Befolge jeden Tag einen kleinen Punkt auf der Aufgaben-Liste.

Auf deiner Reise wirst du oft Gelegenheit haben, Gottes Werk zu tun, auf Gottes Wegen zu gehen und in Gottes Welt etwas zu bewirken.

Erfülle die Aufgaben auf Gottes Aufgaben-Liste eine nach der anderen.

Wenn du das tust, dann lächelt Gott dir zu.

Was macht man mit diesem Buch?

Ist dir aufgefallen, dass ich nun schildern will, was man mit diesem Buch macht, nicht, wie man es liest?

„Ja, sehr schlau, Ron."

Ich möchte, dass du dich mit diesem Buch beschäftigst, dich mit ihm austauschst, dass du mit ihm etwas machst.

Sinn und Zweck dieses Buches ist es, dich dazu anzuregen, Gottes Aufgaben-Liste zu erfüllen.

Deine persönliche Aufgaben-Liste von Gott.

Folgendes macht man mit diesem Buch:

1.   Lies die Kapitel.

Dieses Buch hat zehn Kapitel, und jedes enthält Beispiele für jeweils ein bestimmtes Handeln Gottes in der Bibel, beginnend mit dem Anfang. Was tut Gott als Allererstes? Gott erschafft die Welt. Deshalb heißt das erste Kapitel „Erschaffe". Wenn Gott erschafft, kannst du auch erschaffen; denn du trägst den göttlichen Funken in dir, und Gott möchte, dass du deine Begabungen und Fähigkeiten zum Erschaffen einsetzt. Außerdem erzähle ich Geschichten, in denen es darum geht, wie Menschen schöpferisch sein können.

2. Beachte die 103 Positionen auf Gottes Aufgaben-Liste.

Am Ende jedes Kapitels zeige ich zehn Möglichkeiten auf, wie du deine Lebensaufgabe erfüllen und Gottes Werk auf Erden tun kannst. Darunter sind ganz einfache Dinge, die du tagtäglich tun kannst, aber auch komplexe Projekte, die bis zu ihrer Vollendung lange Zeit in Anspruch nehmen. Je nach deiner individuellen Lebenslage ist es dir vielleicht nicht möglich, alle Aufgaben zu erfüllen, die ich vorschlage. Aber diese Ideen wollen auch nur Beispiele sein, die dich zum Nachdenken darüber anregen sollen, was dir möglich ist.

3. Frage dich, wozu Gott dich aufruft.

Am Ende von Gottes Aufgaben-Liste stehen in jedem Kapitel ein paar Leerzeilen. Damit lade ich dich ein, deine Lektüre zu unterbrechen und darüber nachzudenken, wozu Gott dich aufruft. Wenn Gott eine Aufgaben-Liste für dich geschrieben hätte, zugeschnitten auf deine gottgegebenen Begabungen und Fähigkeiten, mit denen du auf der Welt etwas bewirken kannst, was stünde dann wohl auf dieser Liste? Schreibe ein paar dieser Aufgaben auf, entweder auf einem gesonderten Blatt Papier oder direkt ins Buch.

4. Erstelle deine ganz persönliche Aufgaben-Liste.

Wenn du das Buch zu Ende gelesen hast, dann blättere noch einmal zu den Aufgaben-Listen am Ende jedes Kapitels zurück. Suche dir einen oder zwei Punkte aus, die am besten dazu passen, wer du bist, wo du auf deiner Lebensreise gerade stehst und wozu du dich wirklich verpflichten kannst. Kopiere dir die Vorlage „Meine Aufgaben-Liste" am Ende des Buches. Trage deinen Namen ein und fülle sie aus. Befestige diese Liste an deinem Kühlschrank, deiner Pinnwand, in der Nähe deines Bettes, an der Schranktür, an deinem Badezimmerspiegel, in deinem Auto, in der Nähe der Fernbedienung oder an deinem Computerbildschirm. Irgendwo, wo du sie jeden Tag siehst.

5.   *Jetzt begib dich an deine Aufgaben.*

6.   *Bleibe auf dem Laufenden.*
Wenn du eine Aufgabe erfüllt hast, dann setze ein Häkchen dahinter. Nicht um es als „erledigt" zu kennzeichnen, sondern damit du siehst, wie du dich machst, wenn du Gottes Arbeit erledigst.

7.   *Überprüfe, überarbeite und erneuere.*
Wenn du erst einmal anfängst, dich und alle deine Mitmenschen als Mitarbeiter Gottes zu sehen, dann verändert sich alles. Dein Bild der Welt verändert sich. Überprüfe deshalb deine Aufgaben-Liste von Gott immer wieder, überarbeite und erneuere sie. Wer weiß, wohin die Reise dich führt? Wer weiß, wozu Gott dich beruft? Das weißt nur du. Lasse zu, dass du dich weiterentwickelst, während die Gottähnlichkeit in deinem Inneren immer stärker hervortritt.

8.   *Sprich über deine Aufgaben-Liste von Gott.*
Wenn jemand, etwa deine Kinder, dein Partner oder deine Partnerin, deine Freundinnen und Freunde, dich nach deiner Aufgaben-Liste von Gott fragen, dann sprich mit ihnen darüber. Sage ihnen, was es für dich bedeutet, Gottes Mitarbeiter bei der Vervollkommnung der Welt zu sein. Vielleicht gibt es ja sogar in deiner Gemeinde bereits eine kleine Gruppe von Leuten, die Gottes Aufgaben gemeinsam bearbeiten. Schließe dich ihnen an.

9. Lies deine Liste.

Nimm dir die Zeit, deine Liste zu lesen. Tag für Tag. Nimm wahr, wer du wirst, wenn du Gottes Werk tust. Lasse dich von der Arbeit, die du jetzt erledigst, dazu anregen, noch mehr zu dienen.

10. Wenn du nicht weiterkommst, lies Folgendes:

Wie wunderbar ist es doch, dass keiner auch nur einen Moment lang warten muss, um die Welt ein wenig besser zu machen.

Anne Frank

Sei ein Engel

Was passiert, wenn du etwas von Gottes Aufgaben-Liste erledigst?

Du wirst ein Engel.

Hat dich schon einmal jemand gebeten: „Sei ein Engel …"?

Es ist eine geläufige Redewendung:

„Sei ein Engel und passe eine halbe Stunde auf die Kinder auf, damit ich schnell einkaufen gehen kann."

„Schatz, sei doch ein Engel und bringe auf dem Heimweg die Sachen aus der Reinigung mit."

Manchmal wirst du aber auch dazu aufgerufen, in wesentlich schwerwiegenderen Dingen ein Engel zu sein.

Wenn du deine alten Eltern jeden Tag besuchst oder anrufst, dann bist du ein Engel.

Wenn du mit ein paar Freunden in deinem Stadtteil ehrenamtliche Arbeit leistest, dann bist du ein Engel.

Wenn du einem traurigen Kind aufmunternde Worte zusprichst, dann bist du ein Engel.

Du hast das Potenzial zum Engel.

Jeder Mensch auf Erden kann ein Engel sein.

Wenn dir also jemand etwas Gutes tut, dann vergiss nicht, dich zu bedanken. Du dankst einem Engel.

Sei ein Segen

Wenn du handelst wie ein Engel, dann bist du ein Segen.

Du bist ein Segen für die Menschen, denen du hilfst.

Und du bist ein Segen für dich selbst.

„Wie ist das möglich? Wie kann man für sich selbst ein Segen sein?"

Gott sagt, dass du das kannst.

Ja, in der Bibel ruft Gott dich sogar dazu auf, ein Segen zu sein.

Erinnerst du dich an den Aufruf an Abraham und Sarah, nun „auszuziehen"? Gott sagt ihnen nicht, wohin sie genau gehen werden, aber wenn sie gehen, dann gibt Gott ihnen ein Versprechen, ein *großes* Versprechen:

> Und ich will dich zu einem großen Volk machen
> und will dich segnen
> und deinen Namen groß machen,
> und du sollst ein Segen sein.
>
> BERESCHIT – ANFÄNGE (1. MOSE) 12, 2 (TUR-SINAI)

Höre auf Gottes Ruf.

Sei ein Engel.

Erfülle Gottes Aufgaben-Liste.

Dann wirst du ein Segen sein.

1

@ Erschaffe

Gott ist sehr kreativ.

Wenn die Bibel eine Biographie Gottes ist, ist es dann nicht seltsam, dass es darin keinerlei Bericht darüber gibt, wie Gott entstanden ist? In allen deutschen Bibelübersetzungen beginnt die Bibel nahezu wortgleich folgendermaßen:

Im Anfang schuf Gott den Himmel und die Erde.

Beachte, dass Gott nicht erschaffen wird. Gottes Existenz wird vorausgesetzt.

Schon bald erfahren wir die erste Eigenschaft Gottes: Gott erschafft.

In schneller Folge erschafft Gott den Himmel und die Erde, Licht, Dunkelheit, das Himmelsgewölbe, das Land, die Sonne und den Mond, Geschöpfe des Meeres, des Himmels und des Landes sowie die Menschheit.

> Gottes letzte Geschöpfe, die Menschen, sind mit derselben Fähigkeit zu erschaffen versehen.

Wie erschafft Gott?

Mit *Worten*.

Da sprach Gott: „Es werde hell!", und es ward hell.
BERESCHIT - ANFÄNGE (1. MOSE) 1, 3 (TUR-SINAI)

Gott, der Schöpfer, ruft die Erde ins Sein.

Sobald etwas erschaffen ist, *sieht* und *beurteilt* Gott es:

> Und Gott sah die Helle, dass sie gut war.
>
> Bereschit - Anfänge (1. Mose) 1, 4 (Tur-Sinai)

Dann benennt Gott die Schöpfung:

> Und Gott nannte die Helle Tag ...
>
> Bereschit - Anfänge (1. Mose) 1, 5 (Tur-Sinai)

Der Schöpfungsakt beginnt also mit einer Absicht, die sich oft in Worten ausdrückt: Etwas erschaffen, es ansehen, es beurteilen, es benennen und es schließlich dokumentieren und sich ins Gedächtnis einprägen.

Die Gabe des Erschaffens

Samuel Morse war ein Schöpfer. Er hatte die Absicht, eine Methode zu erschaffen, mit der Menschen über große Entfernungen hinweg kommunizieren können. Es gab bereits verschiedene Methoden, um miteinander zu sprechen: Rauchsignale, Trommeln, Leuchtfeuer auf Berggipfeln und Taschenlampen. Aber alle hatten nur eine sehr begrenzte Reichweite. Morse wollte seine Kenntnisse der Physik und der Elektrizität dazu nutzen, um einen Apparat zu erfinden, der eine Kommunikation über große Entfernungen hinweg möglich machte. Nach neun Jahren Versuchens und Erprobens gelang es ihm schließlich, eine Botschaft von Washington nach Baltimore zu senden. Sie lautete:

What hath God wrought?
(Was hat Gott bewirkt?)

Morse, ein Partner Gottes bei der Schöpfung, wusste, dass das sehr gut war.
Er nannte seine Erfindung Telegrapf.
Sie hat die Welt verändert.

Manchmal beflügelt Inspiration die Kreativität.
Mein Vater Alan ist Gelegenheitserfinder. Seit seiner Zeit als Zahntechniker im Zweiten Weltkrieg träumte er viele Jahre lang von der Erfindung einer neuen Zahnbürste, die die Zähne von beiden Seiten zugleich putzen könnte. Er dachte, so eine Bürste wäre besonders hilfreich für Kinder, ältere Menschen und sogar Hunde. Er spielte mehrere Ideen durch, aber bei keiner wollte es so richtig klappen. Doch als er eines Tages beobachtete, wie ein Angestellter einer Putzkolonne in einem Einkaufszentrum den Boden polierte, hatte er einen Geistesblitz. Er überlegte, dass eine runde Bürste, genau wie die an der Poliermaschine, zum Putzen von Zähnen und Zahnfleisch viel besser geeignet wäre als die herkömmliche rechteckige. Wenn man kleine runde Bürsten einander gegenüber anordnete, dann könnte man die Zähne von beiden Seiten zugleich putzen!
Um ehrlich zu sein, der erste Prototyp von Dads Zahnbürste löste noch nicht unbedingt ein Aha-Erlebnis aus. Ja, er entlockte den meisten, die ihn zu sehen bekamen, eher ein leises Kichern. Es war nicht eben hilfreich, dass er die beiden Bürsten grob zurechtschnitt und an einer Plastik-Wasserpistole befestigte, was ziemlich bedrohlich aussah, wenn er sie sich zu Demonstrationszwecken in den Mund steckte. Unverdrossen ging er auf eine Erfindermesse in einer Kleinstadt in Nebraska. Dort erkannte jemand das Potenzial und

fertigte eine veränderte Version der Zahnbürste an. Eines führte zum anderen, und zwei Jahre später stellte eine große Firma die *Epi-dent Rotary Toothbrush* her – auf der Grundlage des U.S Patents Nr. 346732879 von Alan Wolfson, meinem Vater. Als er sah, dass seine Zahnbürste in seiner Geburtsstadt New York City bei Bloomingdales verkauft wurde, fühlte er sich, als habe er soeben den Nobelpreis gewonnen.

Liz Lerman ist eine außergewöhnlich kreative Frau. Die Tänzerin und Choreografin hat eine gemeinnützige Organisation gegründet, in welcher der Tanz in allen seinen Funktionen ausgeübt werden soll – mit seinen lehrenden und heilenden Kräften ebenso wie als Möglichkeit, die Welt zu verstehen; als Kunst auf den Bühnen dieser Welt ebenso wie als Möglichkeit, Gemeinschaft zu organisieren, zu erleben und zu feiern. Liz und ihre Truppe – die *Liz Lerman Dance Exchange* – gastieren jeweils längere Zeit in verschiedenen Städten und verbinden dort Partner miteinander, zum Beispiel eine Tanzschule und ein Gefängnis, eine Stadthalle und ein Altersheim, ein Krankenhaus und ein Tanzfestival.

Liz hat die Gabe, die Kunst des Tanzes und des Geschichten-Erzählens so einzusetzen, dass Menschen, die sich nicht unbedingt als Tänzer betrachten, persönliche Erfahrungen und Ideen anderen tänzerisch mitteilen. In Workshops, die allen offenstehen, entdecken Menschen aus allen Gesellschaftsschichten ihre Fähigkeit zu tanzen und sich durch Bewegung auszudrücken. Die Workshop-Teilnehmerinnen und -Teilnehmer kreieren dann eine Performance, die Liz „Community Participation Dance" nennt (der Tanz, an dem die ganze Stadt teilnimmt).

Liz ist fest davon überzeugt, dass niemand zu alt oder zu jung zum Tanzen ist. Auf ihre unglaublich geschickte Art ermuntern sie und ihre Kollegen Menschen, die nie im Leben auf die Idee kämen, sich als Tänzer zu bezeichnen, sich auf den kreativen Prozess des Tanzens einzulassen.

Stelle dir vor, wie Hunderte von Einwohnern in Portsmouth, New Hampshire, ihre zweihundertjährige Geschichte mit einem Tanz in der Werft der Stadt feiern! Stelle dir eine riesige Milleniumsfeier namens *The Hallelujah Project* vor, bei der in zahlreichen Städten überall in Amerika städtische Tanz-Aufführungen stattfinden. Stelle dir vor, wie die Dozenten und Mitglieder eines jüdischen Museums durch den Tanz eine Ausstellung mit dem Titel *Die Geschichte der Matze* interpretieren. Stelle dir vor, wie eine ganze Tanz-Gruppe sich mitten unter den Musikern eines Symphonie-Orchesters bewegt. Stelle dir vor, du nimmst an einem Spiel teil, in dem du deine persönliche Geschichte darstellst, längst vergessene Rituale wieder hervorholst und zuhörst, wie junge Menschen sich ihre Zukunft ausmalen – und das alles, um eine Erfahrung zu erschaffen, die sich *Gebet als radikales Handeln/Radikales Handeln als Gebet* nennt.

Liz' jüngstes Unternehmen ist geradezu schwindelerregend kreativ: Im Augenblick entwickelt sie eine multimediale Arbeit über die Vorgänge in wissenschaftlichen Gen-Labors und deren Folgen für unser Leben. Wie wir essen, wie wir heilen, wie wir altern, wie wir uns vermehren – die heutige Wissenschaftskultur beeinflusst all das zutiefst, vielleicht sogar wesentlich schneller, als wir glauben. Das Projekt führt eine Gruppe von Wissenschaftlern aus ganz Amerika mit anderen zu einer langfristigen Partnerschaft zusammen. Es sind Bio-Ethiker, Forscher, Geistliche und Künstler, die im Hinblick auf die Versprechen und Bedrohungen eines neuen biologischen Zeitalters ihre besten Ideen einbringen werden. Das Stück trägt den Titel: *Ferocious Beauty: Genome* (Grimmige-Schönheit-Genom).

Im Jahr 2002 wurde Liz Lerman für ihre Kreativität als MacArthur „Genius" Fellow mit einem Stipendium der MacArthur Foundation geehrt.[7] Eine ganze Schatzkiste ihrer kreativen Techniken findet man in der Toolbox (Werkzeugkiste) auf ihrer Website www. danceexchange.org.

Eine Tages fiel mir beim Bummeln in einem Antiquitätenladen ein kleines besticktes Kissen in Herzform ins Auge. Auf die Vorderseite waren folgende Worte gestickt:

Moms Make Memories
(Mütter schaffen Erinnerungen)

Ich kaufte es sofort und schenkte es meiner Frau Susie, denn ihre gottgegebenen Talente haben unsere Familie für ein ganzes Leben mit kostbaren Erinnerungen gesegnet.

In den sechsunddreißig Jahren unserer Ehe und den dreißig Jahren seit wir Kinder haben, hat sich Susie als außerordentlich kreative Schöpferin eines schönen Heims und wunderbarer Erinnerungen erwiesen. Unsere täglichen Mahlzeiten machte sie zum Erlebnis, unsere Ferien waren Feste unter wechselnden Überschriften und unseren Familienfeiern verlieh sie einen tiefen Sinn.

Vor ein paar Jahren war sie zu einem Wedding Shower (einer informellen Party ca. 6-8 Wochen vor der Hochzeit, bei der den Brautleuten die Geschenke überreicht werden) eingeladen, bei dem jeder Gast gebeten worden war, ein Rezept mitzubringen. Die Gastgeber banden die Rezepte dann zu einem Buch für die künftige junge Ehefrau – eine wirklich nette Idee. Als die Mutter des Bräutigams die Rezept-Sammlung durchblätterte, blieb ihr Blick an einem Rezept

---

7   Die MacArthur Foundation vergibt seit 1981 die MacArthur Fellowship, mit je 500.000 Dollar über fünf Jahre dotierte Stipendien, an Wissenschaftler und kreative Köpfe. Der Preis genießt in USA hohes Ansehen und wird salopp als „Genius Award" bezeichnet. (Anm. d. Ü.)

für Thunfisch-Salat hängen. Es sah Joghurt statt Mayonnaise vor. Da konnte die Bräutigammutter nicht an sich halten und platzte heraus: „Joghurt zu Thunfisch? Mein Sohn isst keinen Joghurt zum Thunfisch!"

In dem Moment kam Susie die Erleuchtung. Alle Gäste hatten der Braut ausländische Rezepte mitgebracht. Weder sie selbst noch ihr Bräutigam kannten sie, weil sie mit den Gerichten, die nach diesen Rezepten zubereitet wurden, nicht aufgewachsen waren. Wäre es nicht sinnvoller, die Braut bekäme Rezepte für die Gerichte und Mahlzeiten, die ihr künftiger Mann gewohnt war?

Noch an Ort und Stelle beschloss Susie, ihre selbsterfundenen Rezepte, nach denen sie die Lieblingsgerichte unserer Familie zubereitet hatte, aufzuschreiben und auch Rezepte von anderen Verwandten mit aufzunehmen, die zu unseren Festen ihre Spezialitäten mitbringen.

Aber Susie tat viel mehr, als die Rezepte bloß abzuschreiben. Sie gestaltete Rezeptblatt um Rezeptblatt, schmückte es mit den Fotos derjenigen, von denen das Rezept stammte und bereicherte es mit Geschichten über das Gericht oder die dazugehörende Mahlzeit: Havis Lieblings-Hähnchensalat auf chinesische Art, Michaels Lieblings-„Eggies in a hole" (Spiegelei, das im ausgeschnittenen Loch einer Brotscheibe gebraten wird), Tante Rosies Wackelpudding, Cousine Margos Mandelbrot.

Der Titel ihres Buches lautet: *Recipes for Memories* (Rezepte, die Erinnerungen wecken). Es sind keine gesammelten Erinnerungen. Es ist kein Kochbuch. Es ist kein Fotoalbum.

Es ist die Geschichte unserer Familie.

Als Susie dieses unglaubliche Projekt vollendet hatte, überreichte sie jedem unserer erwachsenen Kinder eine Ausgabe. Schon beim ersten Anblick brach Havi in Tränen der Erinnerung und der Dankbarkeit aus. Michael, Jazzmusiker und Rock-Genie, blätterte

es zutiefst erstaunt durch und sagte: „Wow! Das ist mein Leben!!!"
Sodann las er es, Seite für Seite und Wort für Wort.

Aber der wahre Lohn kam beim nächsten Pessach-Fest. Vor den
großen jüdischen Feiertagen schickt Susie Michael stets ein Care-
Paket mit entsprechenden Gerichten und Gegenständen, in der
Hoffnung, dass er dann selbst eine kleine Feier abhält, wenn er uns
nicht besucht. Michael rief an, um uns für sein Paket zu danken:
„Mom, Dad, es war toll, dass ihr die Matzenknödel-Mischung mit
ins Paket getan habt. Ich habe tatsächlich welche gemacht ... nach
deinem Kochbuch, Mom!" Ich befürchtete schon, Susie würde vom
Stuhl fallen, als sie das hörte!

Dazu musst du wissen, dass es in unserer Familie einen Matzen-
knödel-Wettstreit gibt, der jede Fernseh-Koch-Show in den Schatten
stellt. Matzenknödel sind Knödel aus Matzen (ungesäuerten Broten)
und Eiern. Meine Mutter, Michaels Großmutter, die in unserer Familie liebevoll auf Jiddisch Bobe genannt wird, macht große, lufti-
ge, weiche Matzenknödel, die in der Suppenschüssel schwimmen.
Susies Vater, Sejde genannt, was auf Jiddisch Großvater bedeutet,
macht harte Matzenknödel von der Größe eines Golfballs, die auf
den Grund der Schüssel sinken. In *Recipes for Memories* hat Susie
eine Seite mit beiden Rezepten gestaltet und sie „Das Matzenknö-
del-Duell" überschrieben.

Als Michael uns nun offenbarte, dass er tatsächlich Matzenknödel
gemacht hatte, konnte Susie ihre Neugier kaum bezwingen und
fragte: „Nach welchem Rezept hast du die Matzenknödel gemacht?
Und wie sind sie geworden?"

Seelenruhig antwortete Michael: „Nun ja, ich wollte Bobes machen, aber sie sind eher so wie Sejdes geworden."

Deinen göttlichen Funken weitergeben

Die Bibel ist Gottes Gedenkbuch. Sie enthält die Geschichte der Familie Gottes auf ihrer Reise durch das Leben. Sie schildert die „Rezepte", wie man Gottes Mitarbeiter auf der Welt wird. In ihr sind Gottes Aufgaben-Listen für alle Zeiten aufgezeichnet.

Wenn du etwas erschaffst, dann gibst du deine Gottähnlichkeit an die Welt weiter.

Gott ist der Schöpfer.

Auch du kannst ein Schöpfer sein.

Gott ist der Schöpfer.

Auch du kannst ein Schöpfer sein.

Gottes Aufgaben-Liste

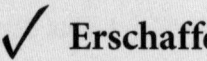 ## Erschaffe

1. Nutze deine gottgegebene Kreativität und male, zeichne, bildhauere, fotografiere, komponiere, tanze, schreibe, koche oder backe.

2. Sammele Beweise deiner „Schöpfungen" – deiner Kinder, Erfolge, Erlebnisse, Reisen – indem du zur Erinnerung Alben anlegst, um sie zu dokumentieren und dich an deinen Schöpfungen zu erfreuen.

3. Erstelle eine CD mit deinen Lieblingsliedern, eine Website oder einen Blog.

4. Erlerne eine neue Fähigkeit für deine kreativen Vorhaben, zum Beispiel Stricken oder Kalligraphie.

5. Nutze kreative Techniken, um deinen Horizont zu erweitern – Brainstorming, Querdenken oder freies Assoziieren.

6. Umgib dich mit kreativen Menschen, kreativen Orten und kreativen Erfahrungen.

7. Erschaffe eine neue Beziehung – finde eine neue Freundin oder einen neuen Freund, übernimm eine Patenschaft für ein Kind oder eine(n) Jugendliche(n) (finanziell, als Lesepatin oder als Mentor).

8. Tue dich mit Freunden zusammen und bemalt gemeinsam eine Wand in einem tristen Viertel.[8]

9. „Seid fruchtbar und mehrt euch" – vergrößere deine Familie, indem du Kinder bekommst oder adoptierst oder ein Pflegekind aufnimmst.

10. Gründe einen Verein oder eine Gruppe zu einem gemeinnützigen Zweck, der dir am Herzen liegt.

---

8   (Tipp: Erst Genehmigung einholen! Anm.d.Ü.)

2

◉ Segne

„Gott segne dich."

Im Englischen ist das ein ganz normaler Ausdruck. Wir verwenden ihn ständig.

Meistens, wenn jemand niest.

Von Anfang an segnet Gott. Es ist das Zweite, was Gott in der Bibel tut.

In der Schöpfungsgeschichte segnet er drei Mal:

Gott segnet die Lebewesen und Vögel, indem er spricht: „Fruchtet und mehrt euch und füllet das Wasser in den Meeren, und das Vogelvolk mehre sich auf Erden!" (Bereschit – Anfänge [1. Mose] 1, 22 [Tur-Sinai])

Gott segnet die Menschen. „Gott segnete sie und sprach zu ihnen: ‚Fruchtet und mehrt euch und füllet die Erde und bemächtigt euch ihrer! Schaltet über das Fischvolk des Meeres, den Vogel des Himmels und alles Lebendige, das auf Erden sich regt!'" (Im Anfang [1. Mose] 1, 28 [Buber])

Gott segnet den Sabbat: „Da segnete Gott den siebenten Tag und heiligte ihn; denn an ihm ruhte er von all seinem Werk, das Gott zu wirken geschaffen." (Bereschit – Anfänge [1. Mose] 2, 3 [Tur-Sinai])

Im ersten Fall segnet Gott die Tiere und Vögel mit der Fähigkeit, sich zu vermehren. Wie es scheint, spendet Gott den Menschen denselben Segen – bis auf einen bedeutenden Unterschied. Im Gegensatz zu den Tieren spricht Gott die Menschen direkt an: „Gott segnete sie und sprach zu ihnen." Das begründet die enge Verbindung zwischen Gott und den Menschen, die ihre Beziehung in der Bibel durchweg kennzeichnet.

Die göttlichen Segnungen setzen sich durch die ganze Bibel hindurch fort. Gott segnet Abraham am Beginn seiner Reise. Gott segnet Sarah mit einem Kind. Gott segnet Isaak nach dem Tod seines Vaters.

Drei Arten des Segnens

Wie können wir unser Leben mit Segen erfüllen?
Dazu gibt es drei Möglichkeiten.

Segne eine Sache oder eine Tat

Hast du schon einmal etwas tun wollen und dir dazu jemandes Segen gewünscht?

Vielleicht hast du deinen Chef um Erlaubnis für den Versuch gebeten, ein bestimmtes Problem nach einem ganz neuen Ansatz zu lösen. „Ich würde das gerne ausprobieren. Habe ich dazu Ihren Segen?"

Vielleicht war es auch etwas Persönlicheres. Ein junger Mann, der sich in deine Tochter verliebt hat, bittet dich um ihre Hand: „Ich bitte um Ihren Segen."

Wir waren bereit, einem jungen Mann, der sich in unsere Tochter verliebt hatte, unseren Segen zu geben. Havi hatte Sam (Name geändert) über eine bekannte Internet-Partnerbörse kennengelernt; auf dem Papier wirkte er perfekt. Er war zweiunddreißig Jahre alt, Zahnarzt, wohnte ganz in der Nähe, war noch nie verheiratet gewesen, war groß, attraktiv – und Jude. Ihre Beziehung begann mit E-Mails, aber nach einer Woche verabredeten sie sich in einem Café. Als Sam Havi persönlich sah, sagte er: „Vergiss den Kaffee, gehen wir lieber miteinander essen." Bei uns nennt man so etwas ein „spontanes Upgrade".

Havi und Sam fanden sehr schnell zueinander. Er war sehr vielversprechend, und alles sah sehr, sehr gut aus. Sam war charmant, bezahlte alles und nahm Havi sogar mit zu den Gottesdiensten in seiner Synagoge. Die beiden machten sich Geschenke, wir Eltern lernten uns kennen, und Sam war schon bald ständiger Gast bei uns zu Hause. So verging Monat um Monat, und allmählich fragten wir Havi: „Sag` mal, wann fragt er dich, ob du ihn heiraten willst?" Wir waren fest überzeugt, dass die Verlobung unmittelbar bevorstünde. Aber heutzutage lassen sich die jungen Leute jede Menge Zeit.

Wir mochten Sam, und er mochte uns. Er bot sogar an, unser Zahnarzt zu werden. Ich war dazu bereit, aber Susie bekam einen Anfall: „Nie und nimmer steckt der seine Finger in meinen Mund", sagte sie. „Das ist mir zu unheimlich." Aber ich ging zu ihm. Er machte seine Sache gut und berechnete das Familienhonorar. Ich riet Susie sehr zu, auch zu ihm zu gehen – und schließlich gab sie nach.

Du kennst das wahrscheinlich: Wenn man zum ersten Mal zu einem Arzt kommt, erhält man zunächst einmal ein Formular, auf dem man alle möglichen Angaben über sich machen muss. Bei Susies erstem Besuch bei Dr. Sam, fast ein Jahr nachdem Havi ihn kennengelernt hatte, erhielt sie ebenfalls besagtes Formular und setzte sich zum Ausfüllen ins Wartezimmer. In der ersten Zeile stand: „Name _____." Susie schrieb: „Susan Wolfson." In der zweiten Zeile stand: „So möchte ich am liebsten genannt werden." Susie schrieb: „Mom."

Der gute Herr Doktor bemerkte es gar nicht oder tat zumindest so, als habe er es nicht bemerkt. Wir hätten wissen sollen, dass dies ein Zeichen war. Sam bat uns nie um unseren Segen, und auch das hätte uns ein Zeichen sein sollen. Schließlich gab er Havi einen Ring – und von da an ging's bergab. Es stellte sich heraus, dass Sam alles andere war als der nette junge Mann, für den wir ihn gehalten hatten. Havi tat eines der mutigsten Dinge, die man sich vorstellen kann – sie löste die Verlobung. Inzwischen hat sie einen wunderbaren Mann kennengelernt, und wir hoffen sehr, dass er uns um unseren Segen bittet, wenn es so weit ist.

Zähle deine Segnungen

Die zweite Möglichkeit, wie du dein Leben mit Segen erfüllen kannst, besteht darin, deine Segnungen zu zählen.

Wann zählt man seine Segnungen?

In dem Filmklassiker *Weiße Weihnachten* singt Bill Cosby das Oscar-nominierte Lied „Count Your Blessings Instead of Sheep" (Zähle deine Segnungen statt Schafe) von Irving Berlin. In dem Lied heißt es, wenn du niedergeschlagen bist – das Konto ist leer, du machst dir Sorgen und kannst nachts nicht schlafen – dann denke an die Zeiten, in denen du „ganz und gar nichts" hattest, denke an die „kleinen Lockenköpfe", die in ihren Bettchen schlummern – und zähle deine Segnungen.

Das ist ein guter Rat.

Mein Neffe Avi wurde mit mitochondrialer Myopathie geboren und kann nicht sprechen. Der niedliche, liebenswerte Junge, der alle ungestüm umarmt, ist eine Herausforderung für meinen Bruder Doug und seine Frau Sara. Entgegen allem Anraten weigerten sie sich, Avi in ein Heim zu geben und zogen ihn gemeinsam mit seinem Bruder Aaron und seiner Schwester Naomi zu Hause groß. Als unsere Familie eine Einladung zu Avis Bar Mizwa erhielt – dabei feiern 13-jährige jüdische Kinder den Übergang zum Status eines

Erwachsenen in der Gemeinde – konnten wir es kaum glauben! Würde Avi die Gemeinde im Gebet leiten können? Wie sollte er aus der Bibel vorlesen? Und wie würde er seine Bar-Mizwa-Rede halten können?

Der große Tag kam, und das Heiligtum war brechend voll. In seinem funkelnagelneuen Anzug schritt Avi zum Lesepult und wartete auf die Anweisungen seiner Lehrer. Der Rabbi erklärte, dass Avi zwar nicht sprechen könne, aber dennoch den Gottesdienst durch die Deutung der Gebete leiten würde. Bevor das Dankgebet an Gott für den Segen der Schöpfung gesungen wurde, schritt Avi zur Mitte des Lesepults und zeigte stolz ein selbstgemaltes Bild von der Erschaffung des Himmels und der Erde. Vor dem Gebet zum Gedenken an die Ahnen zeigte er ein selbstgemachtes Poster vom Stammbaum seiner Familie. Und als es Zeit war, aus der Thora-Rolle zu lesen, las sein Bruder Aaron vor, während Avi stumm mitlas. Statt seiner Bar-Mizwa-Rede sagte Avis Mutter: „Wenn Avi sprechen könnte, dann würde er Folgendes sagen: ‚Danke Euch allen, dass ihr gekommen seid und an meinem großen Tag teilnehmt. Mom und Dad, bitte entschuldigt, dass ich euch heute Morgen so früh geweckt habe, aber ich war einfach so aufgeregt. Aaron und Naomi, ich hab euch lieb, komme, was da wolle. An meine ganze Familie: Ich habe Fotos von euch neben meinem Bett stehen und schaue sie mir jeden Abend an. Danke, meine Lehrer, dass ihr mir geholfen habt, mich auf diesen Tag vorzubereiten. Und ihr alle, denkt immer daran, alle zu begrüßen, so wie ich es tue, alle zu umarmen, so wie ich es tue, und alle zu lieben, so wie ich es tue.'" Es gab niemanden, dem nicht Tränen in den Augen gestanden hätten.

> Du bist Gottes Partner und hast die Kraft zu segnen.

Als dann das letzte Gebet gesprochen wurde, geschah ein Wunder! Avi sprach sein erstes Wort: „Yesss!" An jenem Tag, als Avi uns zeigte, welche Kraft die menschliche Seele hat, zählten wir unsere Segnungen.

Erbitte Gottes Segen

Doug und Sara lehrten die Gemeinde an jenem Morgen noch etwas, nämlich die dritte Möglichkeit, die Segnungen in unserem Leben zu erkennen: Gottes Segen für diejenigen zu erbitten, die wir lieben.

Wann segnest du deine Kinder?

Bei Avis Bar Mizwa verzichteten Doug und Sara auf die übliche blumige Rede über die Leistungen ihres Kindes beim Fußball, in der Schule, beim Klavierspiel und beim Einkaufen, sondern standen einfach vor ihm und segneten ihn. Zu Beginn sagten sie ihm in der Zeichensprache lediglich vier Worte: „Wir haben dich lieb!" Danach baten Doug und Sara, wie viele jüdische Eltern dies an jedem Sabbat und wichtigen Feiertag tun, Gott um seinen Segen für ihr Kind. Dabei sprechen die Eltern denselben Segen, den in uralter Zeit der Hohepriester über das Volk Israel gesprochen hat:

> Es segne dich der Ewige und behüte dich!
> Der Ewige erleuchte dir sein Antlitz und sei dir gnädig!
> Der Ewige wende dir sein Antlitz zu und gebe dir Frieden!
>
> BEMIDAR – WÜSTENZUG (4. MOSE) 6, 24-26 (TUR-SINAI)

Dieser Segen hat etwas sehr Außergewöhnliches.

Gott segnet dich.

Du kannst andere segnen.

Es ist derselbe Segen, den Geistliche oft an wichtigen Stationen im Lauf des Lebens sprechen. Wenn Priester und Rabbis diese Worte sagen, welches Recht haben dann Eltern, diesen Segen über ihre Kinder zu sprechen?

Die Antwort lautet: Jedes Recht!

Du bist Gottes Partner und hast die Kraft zu segnen.

Tägliche Segnungen

Wenn jemand dir zum Dank für etwas „Vergelt's Gott" sagt, dann antworte: „Segne es Gott."

Sage zu den Menschen, die dir lieb sind, regelmäßig „Gott segne dich."

Gott segnet dich.

Du kannst andere segnen.

Gottes Aufgaben-Liste

✓ **Segne**

11.   Segne deine Kinder und deinen Mann bzw. deine Frau.

12.   Segne deine weitere Familie und deine Freunde.

13.   Segne dein Zuhause. Mache es zu einem Heiligtum, zu einem Ort der Geborgenheit, zu einem Rückzugsort.

14.   Segne dein Land.

15.   Wenn jemand dich hervorragend bedient, dann bitte sie oder ihn um den Namen seines oder ihrer Vorgesetzten und schreibe einen kurzen Dankesbrief.

16.   Erbitte Gottes Segen für die Nahrung, die du isst, für eine sichere Reise und für Heilung.

17.   Bitte deinen Geistlichen in Zeiten der Not um Gottes Segen.

18.   Wenn jemand dich um deinen Segen bittet, dann erteile ihn.

19.   Stelle dir vor, dass du ein Segen bist. Denn das bist du.

20.   Zähle deine Segnungen. Fange gleich heute damit an. Kopiere dir die nächste Seite, fülle sie aus und lege sie irgendwohin, wo du sie jeden Tag siehst.

Gottes Aufgaben-Liste

✓ **Meine Segnungen**

1. _____

2. _____

3. _____

4. _____

5. _____

6. _____

7. _____

8. _____

9. _____

10. _____

11. _____

12. _____

3

Ruhe

Nachdem er sechs Tage lang erschaffen hat, tut Gott etwas ganz Bemerkenswertes, bemerkenswert für den allmächtigen Gott der monotheistischen Religionen.

Gott ruht.

> Und Gott vollendete am siebenten Tag sein Werk, das er gemacht, und er ruhte am siebenten Tag von all seinem Werk, das er gemacht. Da segnete Gott den siebenten Tag und heiligte ihn; denn an ihm ruhte er von all seinem Werk, das er zu wirken geschaffen.
>
> BERESCHIT – ANFÄNGE (1. MOSE) 2, 2-3 (TUR-SINAI)

Der hebräische Text verwendet das Wort „aufhören" statt ruhen. Daher lautet auch die wörtliche Übersetzung des hebräischen Wortes *Schabbat* „aufhören", „einstellen". Am siebten Tag stellte Gott das Erschaffen ein. Das Ruhen ist ein Nebenprodukt des Einstellens der Schöpfungsarbeit.

Die biblische Idee von einem Sabbat-Tag ist eines der großen Geschenke an die Menschheit. Sie ist so wichtig, dass sie auf Gottes Original-Top-Ten-Aufgaben-Liste an vierter Stelle steht:

> Wahre den Sabbattag, ihn zu heiligen, wie der Ewige, dein Gott, dir geboten hat.
>
> DEBARIM – RÜCKSCHAU (5. MOSE) 5, 12 (TUR-SINAI)

In seinem Klassiker *Der Sabbat*[9] schrieb Abraham Joshua Heschel, ein großer Philosoph des 20. Jahrhunderts:

> Einen Tag in der Woche für die Freiheit abzusondern, einen Tag, an dem wir die Instrumente nicht gebrauchen, die so leicht zu Vernichtungswaffen gemacht wurden, einen Tag, an dem wir für uns sind, einen Tag, an dem wir uns vom Gewöhnlichen lösen, einen Tag, an dem wir die Götzen der technischen Zivilisation nicht anbeten, einen Tag des Waffenstillstands im Wirtschaftskampf mit unseren Mitmenschen – gibt es eine Einrichtung, die mehr Hoffnung für den Fortschritt des Menschen in sich trägt als der Sabbat?

Ruhe – für dich selbst, für deine Lieben

Fred wurde gefragt, warum er beschlossen habe, den Sabbat einzuhalten. Er antwortete einfach: „Ich könnte nicht ohne leben. Ich habe volle vierundzwanzig Stunden für meine Familie und meine Freunde, für das Gebet in der Gemeinschaft, für das Studium von Bibelabschnitten, für eine entspannte Mahlzeit, für ein Nachmittagsschläfchen und einen Spaziergang. Jede Woche. zweiundfünfzig Wochen im Jahr. Bis ich siebzig Jahre alt bin, werde ich beinahe zehn Jahre Sabbatzeit genossen haben. *Zehn Jahre!*"

Als Teenager lernte ich eine Lektion über eines der Geschenke des Sabbat. Das Geschäft unserer Familie in Omaha hieß *Louis Market*. Es bestand aus einem großen Lebensmittelladen im ersten Gebäude und einer Getränkehandlung im zweiten. Mein Großvater Louis

---

9 Heschel, Abraham Joshua, Der Sabbat. Seine Bedeutung für den heutigen Menschen, Jüdische Verlagsanstalt, Berlin, vergriffen, Neuauflage in Planung, aber noch nicht terminiert.

Paperny hatte es gegründet. Er war aus Russland eingewandert und hatte als Hausierer mit Obst und Gemüse begonnen. Als seine vier Töchter heirateten, beteiligte er alle vier Schwiegersöhne zu gleichen Teilen an seinem Unternehmen.

Mein Vater Alan, der Erfinder, arbeitete unglaublich viel in dem Laden. Ständig war er auf den Beinen, bediente Kunden, füllte Regale nach und leitete die Hilfskräfte an. Er arbeitete bis zur Erschöpfung. Am meisten Arbeit gab es am Freitagabend und am Samstag. Am Freitag wurden allgemein die Löhne ausbezahlt, und sogleich gingen die Menschen Lebensmittel einkaufen.

Aber am Freitagabend arbeitete mein Vater nie. Der jüdische Sabbat beginnt mit dem Sonnenuntergang am Freitagabend und dauert bis zum Sonnenuntergang am Samstagabend. Meine Mutter bestand darauf, den Sabbat mit dem traditionellen Ritual und dem Mahl einzuleiten, genau wie es ihre Mutter getan hatte, als sie noch ein Kind war. Von uns vier Männern – die Söhne Ronnie, Bobby und Dougie sowie Dad – wurde erwartet, dass wir bei Tisch erschienen. Obwohl mein Vater ständig davon sprach, wie sehr er den berühmten Agnostiker Spinoza bewunderte, und obwohl er sich nicht sicher war, ob er überhaupt an Gott glaubte, ergab er sich doch pflichtschuldig in Moms Hingabe an das Familienessen.

In der Junior High School trat ich dann ins sogenannte Flegelalter der frühen Pubertät ein. Eines Freitagnachmittags trieb ich mich mit Freunden in unserem Einkaufszentrum am Ort herum und hatte jede Menge Spaß – bis ich auf die Uhr sah: Sie zeigte 19.30 Uhr. Am Freitagnachmittag musste ich um 18 Uhr zu Hause sein. Ich sprang in den Bus und stolzierte um 20 Uhr ins Haus. Ich wusste, ich würde Ärger bekommen, aber ich hatte nicht die leiseste Vorstellung, dass ich eine der wichtigsten Lektionen meines Lebens lernen sollte.

Mom sprach am Telefon mit der Polizei. Sie weinte hysterisch, weil sie sich Sorgen machte, dass ich einen Unfall gehabt haben oder gar erschossen worden sein könnte. Dad sah, dass ich kam, umarmte mich mit einem erleichterten Stoßseufzer und wurde dann wütend: „Ronnie, wo warst du? Du hast das Schabbat-Mahl verpasst!"

Ich antwortete, wie es nur ein Pubertierender fertigbringt: „Und wenn schon, Dad. Du glaubst doch sowieso nicht an das ganze religiöse Zeug!"

Ich kann mich nicht mehr genau erinnern, was dann passiert ist. Aber als ich aufwachte, führten mein Vater und ich eines jener Vater-Sohn-Gespräche, die ich mein Leben lang nicht vergessen werde.

„Ich bin so enttäuscht von dir, Ronnie", begann er. „Deine Mutter war außer sich. Wir hatten keine Ahnung, wo du warst und ob dir womöglich etwas passiert war. Es war schrecklich. Du weißt, wir erwarten, dass du am Freitagabend zum Abendessen zu Hause bist."

„Es tut mir leid, Dad", murmelte ich. „Ich hätte euch anrufen sollen. Ich habe gar nicht gemerkt, wie spät es schon war. Aber mir ist immer noch nicht klar, was am Schabbat-Mahl so besonders sein soll."

„Dann will ich dir einmal etwas erklären, mein Sohn. Ich arbeite wie ein Hund, jeden Tag, die ganze Woche lang. Aber an einem Abend in der Woche nehme ich mir frei – Freitagabend. Nicht am Samstag, wenn alle unsere Freunde ausgehen und in der Stadt sind. Am Samstagabend nehme ich mir nie frei; ich nehme mir am Freitagabend frei. Weißt du, warum? Weil ich dann mit eurer Mutter und meinen Söhnen beim Essen zusammen sein kann, bei einem Essen ohne Zeitdruck, bei einem Essen, das am Esstisch eingenommen wird und nicht vor dem Fernseher, bei einem Essen, bei dem ich mit euch zusammensitzen und reden kann, über die Schule und darüber, wie die Woche für euch war. Dann streife ich meine Schu-

he ab, und wir spielen ein Spiel oder lesen. Es ist unsere Familien-
zeit, es ist die schönste Zeit der ganzen Woche."

Und dann weinte mein Vater zum ersten Mal in meinem Leben
vor meinen Augen. Seine gefühlvollen Worte gingen mir durch und
durch, und plötzlich wurde mir klar, worum
es ihm ging. Ich verstand seine Wut und seine
Enttäuschung darüber, dass ich so leichtfertig
abgetan hatte, wie wichtig es war, um diese Zeit
zu Hause zu sein. Für ihn und meine Mutter,
die ebenfalls außer Haus arbeitete, war der Schabbat nicht nur eine
Zeit zum Ausruhen. Damit, dass sie wöchentlich den Schabbat ein-
leiteten, wollten sie wertvolle Zeit für uns als Familie sichern.

Gott weiß, dass
du Erholung
brauchst.

In einer Zeit, in der alle erschöpft sind von Schule, Arbeit, Kur-
sen, Sport und endlosen Fahrdiensten für die Kinder, ist Freizeit,
die einzig und allein dem Zusammensein vorbehalten ist, eines der
größten Geschenke, das wir einander machen können.

Setze es auf deine Aufgaben-Liste.

Schöpfe Kraft, um Gottes Werk fortzusetzen

Schaue die Bibelstelle noch einmal genau an. In den meisten Übersetzungen aus dem Hebräischen heißt es:

> „Gott … ruhte von allen seinen Werken, die Gott geschaffen
> und gemacht hatte."
>
> 1. Mose 2, 2-3, (Luther 1984)

Die wörtliche Übersetzung aus dem Hebräischen lautet aber:

> Gott … ruhte von allen Werken, die er zu wirken geschaffen.

Der mittelalterliche Bibel-Kommentator Ibn Esra erklärt, dass der Gebrauch der Worte „zu wirken" anzeigt, dass das Schöpfungswerk am siebten Tag nicht vollendet war. Vielmehr hatte Gott bis dahin die Grundstrukturen der Welt vollendet, für die fortan Gottes Partner verantwortlich sein würden. Deshalb sollte die Übersetzung eigentlich lauten:

> „Gott ... ruhte von allen Werken, die Gott (für die Menschen) zum Weiterwirken erschaffen hatte."

Gott ist darauf angewiesen, dass die Menschen, die nach dem Bilde Gottes geschaffen sind, das Werk der Schöpfung fortsetzen. Genauso, wie Gott das ursprüngliche Schöpfungswerk am siebten Tag eingestellt hat, so sollst auch du eine Pause machen in deinem fortdauernden Werk des Erschaffens, damit du dich erholen und neue Kräfte für die vor dir liegende Woche sammeln kannst.

Gott weiß, dass du Erholung benötigst.

Bist du am Ende der Arbeitswoche nicht erschöpft?

Wenn Gott bei der Schöpfung eine Pause eingelegt hat, solltest du das dann nicht auch tun?

Nimm dir einen Tag frei.

Gott ist darauf angewiesen, dass du an den übrigen sechs Wochentagen das Schöpfungswerk fortsetzt.

Ruhe dich aus.

Nimm dir einen Tag frei.

Gottes Aufgaben-Liste

✓ Ruhe dich aus

21. Gönne dir eine Pause. Nimm dir einmal pro Woche einen Tag frei.

22. Lege alle unvollendete Arbeit beiseite und lasse der Welt am Schabbat ihren Lauf.

23. Schalte Computer und Mobiltelefon für vierundzwanzig Stunden aus. E-Mails und Anrufe können warten.

24. Mache einen Spaziergang. Wenn du Blumen siehst, bleibe stehen und rieche ihren Duft.

25. Mache an deinem Ruhetag mitten am Tag ein Nickerchen.

26. Gehe an deinem Ruhetag zum Gottesdienst in deiner Gemeinde.

27. Achte darauf, dass auch deine Familie und deine Freunde zur Ruhe kommen. Und wenn nicht, biete ihnen eine Pause an, damit sie sich freinehmen können.

28. Lade Familie und Freunde zum Schabbat-Mahl ein.

29. Bete, singe, studiere und kuschele einen ganzen Tag lang!

30. Plane einen Urlaub. Nimm ihn dir. Und lasse dein Notebook zu Hause.

Rufe

Gott ruft die Menschen gerne.

Nein, er ruft sie nicht am Telefon an.

Gott ruft.

Gott ruft ständig.

Auch die Menschen rufen Gott ständig.

Diese Rufe nennt man Gebet.

In der Bibel erhört und beantwortet Gott Gebete.

Wenn Gott ruft und Rufe beantwortet, solltest du das dann nicht auch tun?

Der erste Ruf Gottes in der Bibel ergeht an Adam und Eva, an jene Menschen, die nach göttlichem Ebenbild als Gottes Partner erschaffen wurden.

Und so hat es sich abgespielt (1. Mose 2, 15 – 3, 18):

Gott hatte Adam geschaffen und ihn in den Garten Eden gestellt. Dabei sagte Er ihm, er dürfe die Früchte aller Bäume essen, mit Ausnahme des Baums der Erkenntnis von Gut und Böse. Dann beschließt Gott, dass es nicht gut ist, wenn der Mann allein sei. Daher gestaltet Gott eine Frau. Eva hat zwar das Verbot nicht unmittelbar von Gott selbst vernommen, aber sie kennt es, als sie der Schlange begegnet, die ihr mit List und Tücke nahelegt, sie könne von dem Baum essen. Sie isst die Frucht vom Baum der Erkenntnis von Gut und Böse, und auch ihr Mann isst davon. Ihre Augen werden geöffnet, sie erkennen, dass sie nackt sind, und verstecken sich im Garten, als sie „den Hall des Ewigen, Gottes" hörten, „der beim Tageswind im Garten sich erging". (Bereschit – Anfänge [1. Mose], 3, 8 [Tur-Sinai]).

Gott ruft.

Ja, Gott stellt die allererste Frage in der Bibel: „Ayakah? – Wo bist du?" (Bereschit – Anfänge [1. Mose], 3, 9 [Tur-Sinai])

Bei dieser Frage geht es nicht einfach nur um den Aufenthaltsort. Es ist eine existenzielle Frage.

Gott fragt nach der Beziehung Adams zu seinem Schöpfer. Gott hatte ihn angewiesen, etwas Bestimmtes nicht zu tun, aber Adam tat es trotzdem. Das war eine Verletzung ihrer Beziehung.

Zwischen den Zeilen höre ich einen zutiefst enttäuschten Gott heraus, der sagt: „Ich habe dir die Erlaubnis gegeben, alles, wirklich alles in diesem fantastischen Garten zu essen, außer der Frucht eines einzigen Baumes. *Eines* Baumes! Und du weißt nichts Besseres, als ausgerechnet davon zu essen. Dafür rufe ich dich zur Rechenschaft ..."

Und Gott rief ihn tatsächlich dafür zur Rechenschaft. Gott ruft alle drei zur Rechenschaft, den Mann, die Frau und die Schlange. Gott verdammt die Schlange dazu, auf dem Bauch zu kriechen und Staub zu fressen. Gott macht für die Frau das Gebären schmerzhaft und das Beackern des Bodens zur Knochenarbeit für den Mann. Schließlich wirft Gott alle miteinander aus dem Garten Eden.

Wo bist du?

Wo bist du in deiner Beziehung zu Gott?

Hörst du zu, wenn Gott ruft?

Kannst du die zarte, leise Stimme des Gewissens hören, die dich bittet, das Richtige zu tun?

Wirst du auf Gottes Ruf, sein Partner zu sein, antworten?

Auf den Ruf antworten

Wie Adam und Eva Gottes Ruf zur Rechenschaft gehört haben, so hörte Abraham den Ruf, zu seiner Reise aufzubrechen.

Stelle dir einmal vor, Abraham hätte in einer Zeit gelebt, in der es bereits Telefon gegeben hätte.

Es klingelt.

Abram (so lautete damals sein biblischer Name, der später zu Abraham geändert wurde) nimmt den Hörer ab. Die tiefe Stimme am anderen Ende sagt (Im Anfang [1. Mose] 12, 1 [Buber]):

„Geh."

In meiner Fantasie antwortet Abraham: „Was?"

„Geh", wiederholt die Stimme „aus deinem Land, aus deiner Verwandtschaft, aus dem Haus deines Vaters …"

„Ach wirklich?", könnte Abraham gedacht haben, als er die seltsame Stimme hörte. „Und wohin soll ich gehen?"

„In das Land, das ich dich sehen lassen werde", fährt Gott fort.

Im biblischen Bericht freilich sagt Abraham nichts. Er schweigt. Vielleicht wusste Gott, dass es Abraham schwerfallen würde, seinen Ruf zu akzeptieren. Deshalb fügt Gott einen Anreiz hinzu, der es Abraham leichter macht, die Reise auf sich zu nehmen.

> „Und ich will dich zu einem großen Volk machen und will dich segnen und deinen Namen groß machen, und du sollst ein Segen sein. Und ich will segnen, die dich segnen, und wer dir flucht, den will ich verdammen, und mit dir sollen sich segnen alle Geschlechter der Erde."
>
> (BERESCHIT – ANFÄNGE [1. MOSE] 12, 2-3 [TUR-SINAI]).

Wow! Reichtum, Ruhm, Segen, Schutz und Macht erwarten Abraham, wenn er den Ruf annimmt.

In den nächsten Versen des Kapitels erfahren wir, dass Abraham ein wohlhabender Mann und zu dem Zeitpunkt, als Gottes Ruf an ihn erging, bereits fünfundsiebzig Jahre alt war. Er war verheiratet und hatte eine große Familie, mit der er sich eng verbunden fühlte. Doch dieser Mann, der später Gott noch herausfordern und mit ihm streiten wird, hört den göttlichen Ruf und befolgt ihn ohne die leiseste Widerrede. Die Bibel berichtet von Abrahams Reaktion auf den Ruf: „Da ging Abram, wie der Ewige zu ihm geredet hatte." (Bereschit – Anfänge [1. Mose] 12, 4 [Tur-Sinai]).

Wozu ruft Gott dich?

Wozu ruft Gott dich?

Meine Mutter Bernice vernahm in den 1950er Jahren Gottes Ruf, sich für die blinden Kinder im US-Bundesstaat Nebraska einzusetzen. Ihre Freundin Pauline Guss hatte ihr erzählt, sie habe erlebt, wie Sparky Mandel, ein blinder junger Mann, einer Frauengemeinschaft am Ort dafür dankte, dass sie ein Gebetbuch in Braille-Schrift übersetzt hatten, damit er Bar Mizwa feiern konnte. Sie bat Bernice nachzufragen, ob man in ihrer Synagoge nicht eine Braille-Gruppe gründen könne. In kürzester Zeit war es so weit, und Mom und ihre Freundinnen veröffentlichten die erste englische Pessach-Haggada in Braille-Schrift.

Rasch ergab eins das andere. Mom erfuhr, dass es in Omaha acht blinde Kinder gab, die eigentlich die Vorschule besuchen sollten. Aber keine Einrichtung wollte sie aufnehmen. Sie wusste, dass die Vorschule in der Synagoge immer am Montag-, Mittwoch- und Freitagmorgen stattfand. Daher fragte sie ihren Rabbi Myer S. Kripke, ob die blinden Kinder nicht Dienstag und Donnerstag kommen könnten. Gesagt, getan. Dann fand sie, dass den Kindern ein Sommerferienlager bestimmt gut tun würde. Sie nahm

Gene Eppley, damals der reichste Mann in Omaha (der Flugplatz Eppley ist nach ihm benannt), mit ins Ferienlager der Heilsarmee, wo eines der begabten blinden Kinder als Unterhalter mitwirkte. Am nächsten Tag bot Eppley am Telefon 10.000 Dollar Unterstützung an, die allerdings an eine gesetzlich anerkannte gemeinnützige Organisation fließen müsste. Über Nacht gründete Mom die *Nebraska Foundation for Visually Impaired Children* (Stiftung für sehbehinderte Kinder in Nebraska), um finanzielle Mittel und weitere Unterstützung zu gewinnen. Sie war der Meinung, dass die Kinder jedes Jahr ein Weihnachtsfest erleben sollten. Jedes blinde Kind bekam fünfundzwanzig Dollar und eine Begleiterin, mit der es Weihnachtsgeschenke für seine Eltern und Geschwister kaufen gehen konnte.

Als diese vielbeschäftigte Mutter, die selber drei kleine Kinder hatte, 1961 in Omaha als die „Ehrenamtliche des Jahres" geehrt wurde, war dies einer der stolzesten Tage meines Lebens. Ich durfte sogar früher aus der Schule, um am Mittagessen teilnehmen zu können. Bis heute setzen die Stiftung und die Braille-Gruppe ihre wichtige Arbeit zur Verbesserung der Lebensbedingungen für blinde Kinder und Erwachsene in Nebraska fort.

Anrufen

Wenn wir gerade von Müttern sprechen: Hast du deine in letzter Zeit einmal angerufen?

Schau dir Gebot Nr. 5 auf Gottes Original-Top-Ten-Aufgaben-Liste an:

„Ehre deinen Vater und deine Mutter ..."
SCHEMOT – AUSZUG (2. MOSE) 20, 12 (TUR-SINAI)

Beachte, dass das Gebot nicht lautet: „*Liebe* deinen Vater und deine Mutter." Eigentlich sollte man doch glauben, dass Gott das auf seine Aufgaben-Liste hätte setzen sollen, nicht wahr?

Aber Gott ist klüger.

Manche Kinder können ihre Eltern nicht lieben. Aber Gott möchte, dass die Kinder sie dennoch *ehren*.

Was bedeutet das, seine Eltern zu ehren? Was könnten wir auf Gottes Aufgaben-Liste schreiben, das der Bedeutung dieser Anweisung gerecht würde?

Jemanden zu ehren, erfordert zumindest, seine oder ihre Existenz anzuerkennen.

Wie wäre es also, wenn du Folgendes auf deine Aufgaben-Liste setzt:

Rufe deine Mutter an.

Stuart Matlins erzählt eine wunderbare Geschichte von einem Mann, der den Ruf seiner Frau vernimmt. Das Paar führte eine sehr enge und liebevolle Beziehung, aber wie sich an diesem einen Vorfall zeigt, war es oft die Frau, die ihren Mann aufrief zu reagieren. Eines frühen Abends wollte der Mann gerade aus dem Wohnzimmer ins Schlafzimmer gehen, da rief ihm seine Frau zu: „Zieh einen Pulli an." Der Mann erwiderte: „Gehen wir noch weg – oder ist mir kalt?"

In einer Zeit, in der viele Menschen elektronisch per E-Mail miteinander kommunizieren, besteht die Gefahr, dass wir vergessen, welche Kraft in einem persönlichen Anruf liegt.

Der 60-jährige Harvey Bodansky lebt seit seiner Kindheit mit einer schweren Zerebralparese. Harvey ist ein brillanter und wit-

ziger Kopf und führender Anwalt für Menschen mit besonderen
Bedürfnissen, die an einem College studieren wollen. Obwohl das
Sprechen ihm große Mühe bereitet, kann Harvey sich gut verstän-
digen. Wir lernten uns kennen, als sein Vater Harry Harvey zu einer
Tagung mitbrachte, bei der ich einen Vortrag hielt. Wir wurden
rasch Freunde.

Jedes Jahr an unseren jeweiligen Geburtstagen rufen wir einander
an. Wir erzählen uns aus unserem Leben, von unserer Arbeit und
unseren Familien. Harvey hat ein phänomenales Gedächtnis. Er erinnert sich fehlerlos an alles, was ich ihm im Laufe der Jahre gesagt
habe. Einen Menschen zu kennen, der Tag für Tag enorme Hinder-
nisse zu überwinden hat und doch einen wesentlichen Beitrag dazu
leistet, dass die Welt ein wenig besser wird, ist ein großes Geschenk.
Ich trage Harveys Geburtstag in meinen Kalender ein, damit ich
nicht vergesse, ihn anzurufen. Es ist gut, alle Geburtstage deiner
Lieben in einem Kalender festzuhalten, damit du nicht vergisst, sie
anzurufen. Ein Anruf am Geburtstag ist eines der einfachsten und
doch beliebtesten Zeichen, dass man dich liebt.

Isadore Bognadoff wusste, wie wichtig Telefonanrufe sind. Der
pensionierte Tuchhändler war regelmäßiger Gast in seinem Gemeindezentrum und in den Gottesdiensten und schloss dort viele
Freundschaften. Sobald man „Boggys" (wie ihn alle liebevoll nannten) Freund war, wurde man auf seine „Anrufliste" gesetzt. Jeden
Tag rief Boggy Freunde an, um festzustellen, ob es ihnen gut ging
oder ob sie etwas benötigten. Besonders intensiv kümmerte er sich
um ältere Freunde, die alleine lebten, weil er wusste, dass sie am
allermeisten der Gewissheit bedurften, dass es jemanden gab, dem
sie am Herzen lagen. Als er starb, kamen Hunderte seiner „Anruf-

listen-Freunde" zu seiner Beerdigung, um diesen außergewöhnlichen Mann zu ehren – in dem Bewusstsein, wie sehr ihnen seine aufmerksamen Anrufe fehlen würden.

Der Versuchung widerstehen, sich dem Ruf zu widersetzen

Es ist nicht immer leicht, Gottes Ruf zu hören. Und es ist noch schwerer, danach zu handeln.

Nehmen wir zum Beispiel Moses.

Er ist ein privilegierter junger Mann, der am ägyptischen Hof vom Pharao, dem Herrscher Ägyptens, erzogen wird, nicht ahnend, dass er in Wahrheit Israelit ist. Aber als er sieht, wie ein ägyptischer Aufseher einen hebräischen Sklaven schlägt, regt sich in ihm der Impuls, den Mann zu beschützen, und er tötet den Ägypter. Weil er weiß, dass er gerade eine Tat begangen hat, die ihn für immer aus der ägyptischen Aristokratie ausschließt, flieht er ins Land Midian. Dort heiratet er eine midianitische Frau, bekommt zwei Söhne – einen nennt er „Fremder" – und führt ein Leben als Schäfer.

Unterdessen wird das Leiden der Israeliten in Ägypten größer:

> Die Kinder Jisraël aber seufzten aus der Fron und schrien, und ihr Hilfeschrei stieg zu Gott empor aus der Fron. Und Gott hörte ihr Gestöhn, und Gott gedachte seines Bundes mit Abraham, mit Jizhak und mit Jaakob. Und Gott sah die Kinder Jisraël, und Gott merkte es.
>
> SCHEMOT – AUSZUG (2. MOSE) 2, 23-25 (TUR-SINAI)

Auch Gott hört Rufe und antwortet.

Gott beruft Moses zum Anführer (2. Mose 3 und 4). Während er seine Herde hütet, sieht Moses einen Busch in Flammen stehen.

Doch, so heißt es in der Bibel, „der Dornbusch wurde nicht ver-
zehrt". (Schemot – Auszug 2, 3) Moses sagt: „Ich will doch hinge-
hen und diesen gewaltigen Anblick schauen, warum der Dornbusch
nicht verbrennt." Als Gott sieht, dass Moses es bemerkt hat, „da rief
ihm Gott aus dem Dornbusch zu: ‚Mosche, Mosche!'" (Schemot-
Auszug, 3-4)

Wie hat Moses auf den göttlichen Ruf reagiert?

Zuerst antwortet Moses spontan und bedenkenlos: *„Hineini –
Hier bin ich!"*

(Wenn man die Bibel genau liest, dann ist „Hier bin ich" bestimmt die richtige Antwort, wenn Gott ruft. Ja, dieser hebräische
Begriff kommt in der Bibel vierzehn Mal vor. Als Abraham zum
Beispiel kurz davor ist, seinen Lieblingssohn Isaak zu opfern, ruft
ihn ein Engel Gottes: „Abraham! Abraham!" Und Abraham antwortet: *„Hineini –* Hier bin ich." [1. Mose 22, 11])

Als Gott den Ruf erklärt – ich komme, das Volk meines Bundes
aus den Fesseln der Sklaverei zu erretten, und du, mein Junge, sollst
mein persönlicher Stellvertreter beim Pharao sein und ihre Freiheit
von ihm fordern – hinterfragt Moses den Ruf: „Wer bin ich, dass ich
zum Pharao gehen und die Israeliten aus Ägypten befreien sollte?"

Doch obwohl Gott ihm versichert „Ich werde mit dir sein", hat
Moses einen weiteren Einwand: „Wenn ich nun zu den Kindern
Jisraël komme und ihnen sage: ‚Der Gott Eurer Väter sendet mich
zu euch' und sie mir sagen werden: ‚Wie ist sein Name?' – was soll
ich ihnen dann sagen?"

Da offenbart ihm Gott den heiligen Namen: *„Ehyeh-asher-Ehyeh* – Ich bin, der
ich sein mag." (Schemot – Auszug 3, 14)
und gibt ihm genaue Anweisungen.

Zum dritten Mal wehrt sich Moses:

Wenn deine
Familie, Freunde,
deine Gemeinde
dich rufen,
antwortest du dann:
„Hier bin ich"?

„Da antwortete Mosche und sprach: ,Aber wenn sie mir nun nicht glauben und nicht auf meine Stimme hören, sondern sagen: ,Der Ewige ist dir nicht erschienen?'" (Schemot – Auszug, 4, 1)

Da zeigt Gott dem Moses durch eine Reihe von Verwandlungen, die die Magier Ägyptens in den Schatten stellen, die Macht göttlichen Eingreifens.

Dennoch widersetzt sich Moses ein viertes und letztes Mal:

„Da sprach Mosche zum Ewigen: ,Ach, Herr, ich bin kein Mann der Rede, weder von gestern noch ehegestern, noch seitdem du zu deinem Knecht redest, denn schwer von Mund und Zunge bin ich.' … Ach, Herr, sende doch, durch wen du senden magst."

An dieser Stelle wird Gott wütend auf Moses und beruft Aaron, Moses Bruder, zu seinem Sprecher, die beiden Brüder werden dem Pharao gemeinsam gegenübertreten.

Die biblische Geschichte weiß, wie schwer es ist, Gottes Ruf zu hören und darauf zu antworten.

So beginnt auch das berühmteste aller jüdischen Gebete, das *Schma*, mit dem Wort „höre":

Höre Israel, der Ewige ist unser Gott, der Ewige ist einzig.

Sinn und Zweck deines Lebens ist es, Gott zu dienen, Gottes Bote zu sein, Gottes Werk zu tun.

Wenn Gott dich ruft, hörst du ihn dann und antwortest du „*Hineini*"?

Wenn deine Familie, Freunde, deine Gemeinde dich rufen, antwortest du dann: „Hier bin ich"?

Gottes Aufgaben-Liste

✓ **Rufe**

31. Ruf deine Eltern, deinen Partner, deine Kinder, Geschwister, Tanten, Onkels, Cousinen und Cousins und deine Freunde an, nur um zu hören, wie es ihnen geht.

32. Übe das Hören. Höre einem lieben Menschen oder einem Kollegen zu, wenn er oder sie spricht, und unterbrich ihn nicht.

33. Beantworte SMS und E-Mails von anderen baldmöglichst. Sie rufen dich.

34. Respektiere alle Fragen anderer und gib ihnen eine Antwort.

35. Beantworte folgende Frage in regelmäßigen Abständen: Wo bin ich?

36. Rufe deinen Abgeordneten in einer Sache an, die dir wichtig ist. Rufe die Bundeskanzlerin an, um ihr in einer bestimmten Sache deine Meinung zu sagen. Info-Telefon 0180 272-0000.[10]

37. Rufe deine Freunde dazu auf, sich mit dir gemeinsam ehrenamtlich zu engagieren.

38. Lies nach, wie die biblischen Gestalten auf Gottes Ruf antworten.

39. Lausche auf Gottes Ruf. Du wirst es merken, wenn du ihn hörst.

40. Antworte auf Gottes Ruf. Denke immer daran, du bist auf einer Mission im Auftrag Gottes, um Gottes Werk auf Erden zu tun.

---

10 (0,06 €/Verbindung aus dem Festnetz, Mobilfunk max. 0,42 €/Min)

5

Tröste

In der Bibel macht Gott Hausbesuche.

Nicht allzu oft allerdings.

Aber wenn Gott sich zu einem Besuch entschließt, dann steht etwas sehr Wichtiges bevor, darauf kannst du wetten.

Lies im Folgenden die Geschichte eines solchen göttlichen Besuches bei Abraham:

> Und der Ewige erschien ihm bei den Terebinthen vom Mamre, als er um die Tageshitze am Eingang seines Zeltes saß. Da hob er seine Augen und sah: da standen drei Männer vor ihm. Und da er's sah, eilte er ihnen vom Eingang des Zeltes entgegen, und warf sich hin zur Erde und sprach: „O Herr, wenn ich doch Gunst gefunden in deinen Augen, so geh doch nicht an deinem Knecht vorüber! Man soll doch ein wenig Wasser bringen, dann wascht eure Füße und lehnt euch hin unter dem Baum, und ich will euch einen Bissen Brot holen, dass ihr euer Herz erquickt; hernach mögt ihr weiterziehn, da ihr nun einmal bei eurem Knecht vorübergekommen seid!" Sie aber sprachen: „Tu so, wie du gesprochen."
>
> BERESCHIT – ANFÄNGE (1. MOSE) 18, 1-5 (TUR-SINAI)

Die biblischen Kommentatoren laufen bei dieser Geschichte zur Hochform auf. Sie beginnen mit der Frage: Was tat Abraham, als er um die Tageshitze am Eingang seines Zeltes saß? Der mittelalterliche Kommentator Rashi betont, dass er von einer Krankheit genas. Schließlich heißt es kurz zuvor, dass Abraham sich gerade erst im Alter von neunundneunzig Jahren beschnitten hatte! Und gleich in der nächsten Zeile heißt es in der Bibel: „Und der Ewige erschien ihm." Mit anderen Worten: Gott machte einen Krankenbesuch, um Abraham zu trösten. Doch als die drei Fremden in Sicht kommen, überwindet Abraham seine Schmerzen, unterbricht sein Zusammensein mit Gott und beeilt sich, sie zu begrüßen, gastfreundlich zu sein und ihnen Trost und Erholung auf ihrer Reise anzubieten.

Die Kranken besuchen

Warst du schon einmal krank? Richtig krank? So dass du ins Krankenhaus musstest?

Es ist schrecklich. Man fühlt sich elend. Man ist alleine und isoliert von Familie und Freunden. Die Gedanken kreisen in rasendem Tempo um die eigene Sterblichkeit. Man braucht Trost, Bestärkung und Unterstützung.

Wenn du einen kranken Menschen besuchst, bist du Gottes Bote.

Wenn du einen kranken Menschen besuchst, bist du Gottes Bote. Du bringst Ermutigung, Verbundenheit und Hoffnung. Du kümmerst dich um die Kranken, indem du ihnen deine Liebe schenkst.

Jede Woche besuchen Judy Bin-Nun und ihre Hunde Zeesee, Ketzel und Raizel kranke Menschen in Kliniken. Die Hunde, drei wunderhübsche Brüsseler Griffons (sie sehen aus wie die Ewoks aus Star Wars) wurden für diese Aufgabe besonders ausgebildet. Sie springen auf den Schoß bettlägeriger Patienten, die sofort aufleben und lächeln, wenn sie die Tiere streicheln und bürsten. Judy – und ihre Hunde – tun Gottes Werk.

Mit einem Autounfall begann der unaufhaltsame Verfall von Joe Rothkops Gesundheit. Nach einem komplizierten Beinbruch stand Joe eine lange Genesungszeit in einer Reha-Klinik durch. Dort lernte er Boysie Sarmiento kennen, einen jungen Krankenpfleger in der Physiotherapie-Abteilung. Die beiden verstanden sich von Anfang an blendend, und ihre Geschichte erzählt von Fürsorge und Heilung, von Geben und Nehmen, von Leben und Lernen – und von Liebe.

Man kann sich kaum zwei unterschiedlichere Menschen vorstellen: Joe, ein großer, attraktiver, beinahe 90-jähriger Mann aus dem Mittleren Westen der Vereinigten Staaten, und Boysie, ein zierlicher, zerbrechlicher 20-jähriger Einwanderer aus den Philippinen. Heilungsbedürftigkeit hatte sie als Patient und Pfleger zusammengeführt. In der oft erdrückenden Atmosphäre einer Reha-Klinik ist die Fürsorge für Schlaganfall-Patienten und Menschen mit verstümmeltem Körper eine fordernde und frustrierende Aufgabe. Aber Joe, seiner Frau Harriet und ihren beiden Töchtern Michele und Sonja fiel auf, dass Boysie sich das anscheinend nie zu Herzen nahm. Sollten ihm die Tätigkeiten, die er zu verrichten hatte, je peinlich gewesen oder zu viel geworden sein, so zeigte Boysie das nie. Er begrüßte jeden Tag und jede Begegnung mit einem Lächeln und einer Haltung, die einer tiefen Anteilnahme am Anderen entsprang. Joe, der selbst ein sehr warmherziger und aufgeschlossener Mensch war, reagierte sofort darauf.

Als Joe schließlich so weit war, dass er wieder nach Hause gehen konnte, fragte die Familie Boysie, ob er Joes Vollzeit-Pfleger werden wolle. Boysie hatte gerade erst eine Ausbildung zum Krankenpflege-Assistenten gemacht und noch nie eine solche Verantwortung übernommen. Aber im Laufe von Joes monatelangem Reha-Aufenthalt hatte Boysie Zuneigung zu ihm entwickelt. Daher war er einverstanden.

Meistens kicherten sie miteinander. Zwei kichernde Männer – über Insiderwitze, lustige Situationen und Joes sehr eigenen Humor. Joe liebte gute Geschichten und erzählte sie immer und immer wieder. Boysie lachte jedes Mal, ganz gleich wie oft er sie bereits gehört hatte. Nach und nach wurde Boysies Englisch immer besser, und schließlich bat Joe ihn, die Geschichten selbst zu erzählen.

Aber Boysies Englisch war nicht die einzige Sprache, die Fortschritte machte. Joe begann, Boysie Hebräisch und Jiddisch beizubringen. Joe war nicht besonders religiös, aber er war gerne Jude. Eines Tages, Boysie schob Joe gerade in seinem Rollstuhl zur Haustür hinaus, fiel Joe eine Schachtel mit fünf Pfund Matzenbrot auf, die im Flur auf dem Tisch lag. „Was ist das?", fragte Joe Boysie. „Ach, das sind unsere Matzen, Joe", antwortete Boysie sachlich.

Die Zuneigung zwischen Joe und Boysie war greifbar. Joe war für ihn wie ein Vater, der ihn beim Lernen und in seinen Träumen bestärkte. Für sein Leben gern wollte Boysie amerikanischer Staatsbürger werden. Joe war bereits wieder in einer Reha-Klinik, als Boysie seine Prüfung bestand und seine Papiere erhielt. Als Boysie vom Gericht wiederkam, richteten Joe und seine Familie eine riesige Party aus, um seinen Erfolg zu feiern – einschließlich Uncle-Sam-Hüten für die Krankenschwestern, Marschmusik von John Philip Sousa und einer riesengroßen Torte.

Harriet erinnert sich, dass Boysie stets ein Lächeln und ein freundliches Wort für Joe hatte, ganz gleich wie schwierig seine Pflege auch war. Er kümmerte sich nicht nur um Joes körperliches Wohlergehen, sondern hörte auch zu und nahm es gerne an, wenn Joe ihn etwas für das Leben lehrte. Durch ihn wurde Joe zum Lehrer, Mentor und Führer. In gewisser Weise sorgten beide füreinander.

Als das Ende nahte, lag Joe im Kreise seiner Familie, seiner Freunde und Boysie. Wir alle hatten die Ehre, uns von Joe zu verabschieden, ihm die Hand zu halten, ihn auf die Stirn zu küssen und ihn loszulassen. Als Boysie an der Reihe war, streichelte er Joes Gesicht, Tränen in den Augen, und sagte nur: „Gej schlofen, Joe."

Bei der Beerdigung hatten Harriet, Sonja und ihr Mann Dave sowie Michele warmherzige und liebevolle Worte und Gesten für alle, die Joe gekannt hatten. Aber der wohl herzlichste Dank galt Boysie, weil er ihrem geliebten Mann und Vater Fürsorge, Würde, Lachen und Liebe geschenkt hatte.

Die Kranken trösten

Unsere nie versiegende Dankbarkeit gilt jenen ungewöhnlichen Menschen, die die wahren Heiler unter uns sind.

Es gibt die Kunst, den Kranken und Alten Trost zu spenden. Das Wichtigste ist, da zu sein. Gehe ins Krankenhaus, zu den Kranken nach Hause, ins Heim oder ins Hospiz. Bringe etwas mit, was die Patienten aufheitert – Blumen, Luftballons, Zeitschriften, Bücher oder Karten. Diese Dinge bleiben, wenn du gehst, und verlängern deine Anwesenheit. Setze dich auf Höhe des Patienten und stehe nicht über dem Bett. Lade den Menschen ein, darüber zu sprechen, was er gerade erlebt, aber wundere dich nicht, wenn er das lieber nicht möchte. Erzähle ihm Geschichten, Witze oder Neuigkeiten aus der Familie, von Freunden oder vom Weltgeschehen. Frage ihn oder sie, ob du etwas für sie tun kannst – den Fahrdienst für die Kinder übernehmen, jemanden anrufen oder für die Familie zu Hause einkaufen.

Bringe Fotos mit. Spiele die Lieblingsmusik. Seht zusammen fern. Lies aus einem Buch oder der Zeitung vor. Halte die Hand. Wasche ihm das Gesicht mit einem angenehm kühlenden Tuch. Massiere ihm den Rücken oder die Füße. Bringe ihm Eiswürfel oder frisches Wasser.

Dehne deinen Besuch nicht zu lange aus. Kranke Menschen werden schnell müde. Wenn du das Gefühl hast, dass die Geste auf Zuspruch treffen könnte, dann frage vor deinem Abschied, ob du einen Heilungssegen sprechen darfst. Wenn du keinen förmlichen Segensspruch kennst, dann ist „Gott segne und heile dich" genau richtig.

Die Trauernden trösten

Warst du schon einmal bei einer Beerdigung oder in einem Trauerhaus und wusstest nicht so recht, was du sagen solltest? Ich kenne viele Menschen, die aus Furcht, etwas Falsches zu sagen, nicht zu Beerdigungen gehen und keine Trauernden besuchen; denn oft sagen sie tatsächlich das Falsche:

„Sie hatte ein langes Leben."

„Nicht doch, nicht doch – reiß dich zusammen."

„Ich weiß genau, was du durchmachst."

„Du wirst wieder schwanger werden."

„Wahrscheinlich ist es das Beste so."

In Wirklichkeit brauchst du gar nichts zu sagen. Sei einfach da. Biete deine Hand an, eine Umarmung oder lege deinen Arm um die Schulter. Wenn du etwas sagen musst, dann sage: „Mein herzliches Beileid." Wenn der Trauernde reden möchte, dann bestärke ihn darin, von seinen Erinnerungen an den Verstorbenen zu erzählen. Der größte Trost, den du schenken kannst, ist, da zu sein – selbst wenn es dir schwerfällt.

Den Fremden willkommen heißen

Betrachten wir noch einmal den biblischen Bericht über Abrahams Zelt. Wenn du den Text liest, achte dieses Mal auf die Verben. Sie enthalten Hinweise auf die wahre Bedeutung der Geschichte.

Und der Ewige erschien ihm bei den Terebinthen vom Mamre, als er um die Tageshitze am Eingang seines Zeltes saß. Da hob er seine Augen und sah: da standen drei Männer vor ihm. Und da er's sah, eilte er ihnen vom Eingang des Zeltes entgegen, und warf sich hin zur Erde und sprach: „O Herr, wenn ich doch Gunst gefunden in deinen Augen, so geh doch nicht an deinem Knecht vorüber! Man soll doch ein wenig Wasser bringen, dann wascht eure Füße und lehnt euch hin unter dem Baum, und ich will euch einen Bissen Brot holen, dass ihr euer Herz erquickt; hernach mögt ihr weiterziehn, da ihr nun einmal bei eurem Knecht vorübergekommen seid!" Sie aber sprachen: „Tu so, wie du gesprochen." Da eilte Abraham ins Zelt zu Sara und sprach: „Eile, knete drei Maß feinsten Mehls und mache Kuchen." Und zu den Rindern lief Abraham, nahm ein junges Rind, zart und schön, und gab es dem Burschen, der es eilends bereitete. Dann nahm er Rahm und Milch und das junge Rind, das er bereitet hatte, und setzte es ihnen vor. Er aber stand bei ihnen unter dem Baum und sie aßen.

BERESCHIT – ANFÄNGE (1. MOSE) 18, 1-8 (TUR-SINAI)

Dieser Text hat es eilig. Schaue dir nur einmal die Worte an, die Abrahams Handeln beschreiben: Er eilte, er lief, er ließ eilends bereiten. „Eile!" Die hebräischen Verben sind sogar noch dramatischer: vayaratz, vayimaheir, mahari! Das Wort für *laufen* wird zwei Mal verwendet, das für *eilen* drei Mal und das für *holen* vier Mal.

Für Abraham waren die drei Fremden Reisende, die Trost und Erholung brauchten, und er bat sie inständig, die Gastfreundschaft in
seinem und Sarahs Zelt zu genießen. Aus diesem Beispiel entwickelt
der Talmud die bemerkenswerte Lehre:
„Die Gastfreundschaft ist bedeutender als
der Empfang der Göttlichkeit." (Der Babylonische Talmud, Schabbath 127 a) Immerhin machte Gott einen Krankenbesuch, und Abraham lief, um seine Gäste
zu begrüßen.

> Es gibt ein Gebot,
> das noch wichtiger
> ist, als mit Gott zu
> sprechen: Wie Gott
> zu sein.

Kannst du dir vorstellen, dass eine berühmte Politikerin oder eine
große Berühmtheit dich besucht oder drei Fremde vorbeikommen
und du sagst: „Bitte entschuldigen Sie mich. Ich bin gleich wieder
da." Und schon läufst du davon?

Genau darum geht es in der Geschichte.

Es gibt ein Gebot, das noch wichtiger ist, als mit Gott zu sprechen:
Wie Gott zu *sein*.

Besuche, schenke Trost und erweise Gastfreundschaft, damit jeder sich bei dir wie zu Hause fühlen kann.

Die Geschichte enthält sogar eine noch bemerkenswertere Lekti-
on. Abraham weiß nicht das Geringste über die Fremden. Es hätten
Bettler von der Straße oder wohlhabende `hohe Tiere´ sein können.
Für Abraham spielte das keine Rolle.

Er praktizierte etwas, was man die *Spiritualität des Begrüßens*
nennen könnte.

Diese Übung steht ganz weit oben auf Gottes Aufgaben-Liste.

Die Spiritualität des Begrüßens erhebt sowohl den Gast als auch
den Gastgeber. Der Gast fühlt sich durch eine herzliche Begrüßung
sofort wohl, denn sie nimmt ihm die unausgesprochene Anspan-
nung, die man als Fremder empfindet, und sie beantwortet die erste
Frage, die sich jeder Mensch an einem fremden Ort stellt: „Bin ich

hier willkommen?" Für den Gastgeber ist tätige Gastfreundschaft eine Geste spiritueller Großzügigkeit, die die Seele erhebt. Du schenkst damit ein Stück von dir selbst und lädst ein zur Verbundenheit zwischen Mensch und Mensch – und bei dieser Begegnung auch zwischen Gott und Mensch.

Im ersten Jahr unserer Ehe reisten Susie und ich nach Israel mit Zwischenaufenthalt in Rom. Während des langen Fluges von St. Louis nach Italien saßen wir neben einem netten jungen Mann, der eine Unterhaltung mit uns begann. Nick studierte am College und reiste nach Rom zu seiner frisch verlobten Braut Daniela, die schon früher geflogen war, um ihrer Familie bei den Weihnachtsvorbereitungen zu helfen. Nachdem wir uns stundenlang, wie es uns vorkam, über das Leben als Frischvermählte unterhalten hatten, fragte er, wo wir in Rom wohnen würden, und wir nannten ihm den Namen unseres Hotels. Bei der Landung wünschten wir einander gute Reise in dem Glauben, wir würden uns nie wiedersehen.

Am nächsten Tag erhielten wir einen völlig unerwarteten Anruf. Es war Nick. „Ich habe Daniela und ihrer Familie von euch erzählt. Würdet ihr morgen Abend zu uns zum Abendessen kommen?" Wir nahmen diese Geste der Gastfreundschaft sofort an.

Kaum hatte ich dem Taxifahrer gesagt, wohin die Fahrt gehen sollte, bemerkte ich plötzlich zu Susie: „Wir kennen ihn doch kaum. Was machen wir da bloß? Wohin gehen wir?" Der Taxifahrer ließ uns an der angegebenen Adresse aussteigen, vor einem stattlichen Haus direkt gegenüber dem Tiber, eindeutig eine gehobene Wohngegend. Wir betraten die Eingangshalle und entdeckten den Namen der Familie Bini auf einer Klingel. Nick antwortete: „Willkommen. Wir haben euch schon erwartet. Nehmt bitte den Aufzug."

Auf der Penthouse-Etage gab es nur eine Wohnung, und die gehörte der Familie Bini. Daniela, Nicks wunderbare Frau, begrüßte uns mit Umarmungen und Küsschen auf beide Wangen, als seien wir gute Freunde, die sie lange nicht gesehen hatte. Die Eltern Bini sprachen nur gebrochen Englisch, aber irgendwie hielten wir das Gespräch in Fluss. Daniela hatte von Nick erfahren, dass wir die Koscher-Regeln befolgten, es der Familie weitergegeben, und sie hatten für eine vegetarische Vorspeise zu einem großartigen Festessen gesorgt. Nach den Digestifs nahmen Nick und Daniela uns auf eine Stadtrundfahrt zu den Sieben Hügeln Roms und mehreren Piazzas mit, die alle wunderschön weihnachtlich geschmückt waren. Für ein Paar jüdischer Kinder war das ein wunderbares Weihnachtsfest und ein bemerkenswerter Akt der Gastfreundschaft und der Begrüßung von Fremden, den wir nie vergessen werden!

Radikale Gastfreundschaft

Das tätige Besuchen, Trösten und Begrüßen hat eine tiefere Bedeutung. Man könnte es *radikale Gastfreundschaft* nennen. Es ist eine Gastfreundschaft, die einem zentralen Wert und der Grundlage aller Handlungen auf Gottes Aufgaben-Liste entspringt: Jeder Mensch ist nach dem Bilde Gottes geschaffen.

> Jeder Mensch ist nach dem Bilde Gottes geschaffen.

Sei da.

Sei Gottes Sachwalter auf Erden.

Wenn du Besuche machst, dann bringst du jenen, die ihrer am nötigsten bedürfen, Gottes Gegenwart.

Wenn du Trost spendest, tust du Gottes Werk.

Wenn du Fremde willkommen heißt, dann heißt du Gottes Engel auf der Welt willkommen.

Gottes Aufgaben-Liste

✓ **Tröste**

41. Wenn deine Freunde oder Verwandten krank sind, dann bringe ihnen Suppe, Saft, Tee oder Taschentücher.

42. Wenn du Menschen im Krankenhaus besuchst, dann bringe ihnen etwas zu lesen mit, eine lustige Geschichte, ihre Lieblingsmusik oder Fotos von ihren Lieben.

43. Lasse jemanden in der Warteschlange vor oder mache Platz, wenn jemand sich vor dir in den Verkehr einfädeln will.

44. Spende, sprich einen Segen und biete an, für jemanden um Heilung zu beten.

45. Wenn jemand traurig wirkt oder es ihm anscheinend nicht gut geht, dann frage, ob du etwas für ihn oder sie tun kannst.

46. Gehe zu Beerdigungen und tröste die Trauernden bei der Totenwache oder Schiwa durch deine Anwesenheit.

47. Hänge ein Willkommensschild an deinen Hauseingang.

48. Lade neu hinzugezogene Menschen in deiner Nachbarschaft zu dir zum Essen ein.

49. Nimm neue Arbeitskollegen mit zum Mittagessen.

50. Besuche ein Altersheim oder eine Begegnungsstätte für ältere Menschen.

Fürsorge

Für andere zu sorgen, ist eine vergessene Kunst. Anscheinend entdecken die Menschen nur noch bei großen Katastrophen – Terroranschlägen, Stürmen, Erdbeben, Überschwemmungen – die Güte, die oft tief in ihrer Seele verborgen ist.

Die Bibel steckt voller Beispiele für die Fürsorge und Freundlichkeit Gottes (der hebräische Begriff dafür lautet *hesed*).

Unmittelbar vor seiner Begegnung mit Esau dankt Jakob Gott:

> Gott meines Vaters Abraham und meines Vaters Jizhak, Ewiger, der du zu mir gesprochen: „Kehre zurück in dein Land und zu deiner Verwandtschaft, und ich will dir Gutes erweisen", zu gering bin ich für all die Liebe (hahasadim) und all die Treue, die du deinem Knecht erwiesen; ..."
>
> BERESCHIT – ANFÄNGE (1. MOSE) 32, 10-11 (TUR-SINAI)

Als Josef in Ägypten ins Gefängnis geworfen wird, erfahren wir:

> Der Ewige aber war mit Josef und wandte ihm Liebe (hesed) zu und verlieh ihm Gunst in den Augen des Aufsehers des Gefängnisses.
>
> BERESCHIT – ANFÄNGE (1. MOSE) 39, 21 (TUR-SINAI)

Als das Volk Israel erfährt, dass das Gelobte Land Kanaan durch starke Armeen gesichert ist, beschweren sie sich bei Moses, dass vierzig Jahre in der Wüste sie nun an den Rand der Zerstörung geführt hätten. Wieder einmal droht Gott, sie zu vernichten, weil sie seiner göttlichen Macht nicht trauen. Moses bittet um Geduld:

> So mag denn nun die Kraft des Herrn sich groß erweisen wie du geredet und gesprochen: ‚Ewiger, langmütig und reich an Liebe (hesed), der vergibt Schuld und Missetat …‘ Verzeih doch die Schuld dieses Volkes nach der Größe deiner Liebe (hasdekha), und wie du diesem Volk vergeben hast von Mizraim (Ägypten, d.Ü.) bis hierher.
>
> BEMIDAR – WÜSTENZUG (4. MOSE) 14, 17-19 (TUR-SINAI)

Im Talmud zitiert Rabbi Eleazar einen berühmten Vers des Propheten Micha:

> Er hat dir gesagt, o Mensch, was gut ist und was der Ewige von dir verlangt: Nur Recht zu tun und treue Liebe (*hesed*) und demütig mit deinem Gott zu wandeln.
>
> TERE-ASAR – MICHA (MICHA) 6, 8 (TUR-SINAI)

Sodann fragt Rabbi Eleazar: „Was bedeutet dieser Vers?" „Recht zu tun" bedeutet, in Übereinstimmung mit den Grundsätzen der Gerechtigkeit zu handeln. „Treue Liebe zu tun" bedeutet, sein Handeln von den Grundsätzen der liebenden Güte (hebräisch *gemillut hasadim*) leiten zu lassen. „Demütig mit deinem Gott zu wandeln" bedeutet, bedürftigen Familien bei ihren Beerdigungen und Hochzeiten zu helfen, indem man bescheiden und im Stillen gibt.

Der folgende Auszug aus dem Talmud erläutert ebenfalls die Bedeutung der liebenden Güte[11]:

---

11 Statt von „liebender Güte" spricht die deutsche Übersetzung des Talmud synonym von „Liebeswerken" und „Wohltätigkeit". (Anm. d. Ü.)

Durch dreierlei ist die Wohltätigkeit bedeutender als Almosen. Das Almosen erfolgt mit seinem Gelde, die Wohltätigkeit sowohl mit seinem Gelde als auch mit seinem Körper; Almosen nur an Arme, Wohltätigkeit sowohl an Arme als auch an Reiche, Almosen nur an Lebende, die Wohltätigkeit sowohl an Lebende als auch an Tote. Ferner sagt R. Eleazar: Wenn jemand Recht und Gerechtigkeit übt, so ist es ebenso, als hätte er die ganze Welt mit Liebe gefüllt, denn es heißt: er liebt Recht und Gerechtigkeit, von der Liebe des Herrn ist die Erde voll (Psalm 33, 5)."

> Die höchste Form der Güte ist es, ein Leben zu retten.

DER BABYLONISCHE TALMUD SUKKA 49B

Was ist ein Akt liebender Güte?

Rette ein Leben – rette eine Welt

Die höchste Form der Güte ist es, ein Leben zu retten.
Ein bemerkenswertes jüdisches Sprichwort lautet:

Wer eine einzige Seele zerstört, zerstört die ganze Welt. Und wer eine einzige Seele rettet, rettet die ganze Welt...

JERUSALEMER TALMUD, SANHEDRIN 23 A-B[12]

Als Ira Anfang der 1970er Jahre an der Columbia Universität in New York studierte, besuchten ihn seine Eltern. Damals war New York nicht gerade der ungefährlichste Ort der Welt, besonders für Touristen, die nicht wussten, wie es in der Stadt zuging. Am zwei-

---

12 Quelle: http://forum.hagalil.com/board-a/messages/3315/19857.html?1151352136

ten Tag ihres Besuches wurde Ira ins Krankenhaus eingeliefert, wo ihm in einer Notoperation der Blinddarm entfernt wurde. Unsicher, wie sie aus der Innenstadt zum Krankenhaus kommen sollten, und völlig orientierungslos standen seine Eltern vor ihrem Hotel auf der Straße und warteten auf einen Bus. Ein Mann, der ebenfalls an der Bushaltestelle stand, fragte sie: „Haben Sie das Fahrgeld passend?" Iras Vater fehlten 25 Cent. Der Fremde gab ihnen einen Viertel-dollar.

Der Bus kam, Iras Eltern stiegen ein und fragten den Fahrer: „Kommen wir mit diesem Bus zum St. Luke's Hospital?" „Ja." Er fuhr einen Block weiter und rief dann plötzlich Iras Vater nach vorne. „Hören Sie", sagte der Fahrer mitfühlend und gab ihm einen Umsteigefahrschein. „Dieser Bus ist nicht der richtige für Sie. Steigen Sie hier aus und gehen Sie einen Block in westlicher Richtung zum Broadway. Steigen Sie dort in den Bus Richtung Nordstadt. Nun gehen Sie schon!" Sie stiegen aus, fanden den anderen Bus und kamen schließlich in Iras Zimmer im Krankenhaus an. Als sie hereinkamen, waren gerade zwei Freunde von Ira da. Iras Mutter erzählte die Geschichte und fragte dann: „Warum um alles in der Welt hat der Busfahrer uns gesagt, wir sollten aussteigen?" Einer der Freunde antwortete: „Puh, Sie hatten ganz schön Glück, dass er das gemacht hat. Wenn Sie in diesem Bus geblieben wären, dann hätten Sie durch den Morningside Heights Park gehen müssen, um hierher zu kommen. Dort lungern Gangs herum, die jeden ausrauben, der ihnen in die Quere kommt. Erst letzte Woche wurde ein Mann umgebracht, der in dem Park spazierenging. Dieser Busfahrer wusste, dass Sie ernsthaft in Gefahr gewesen wären. Wahrscheinlich hat er Ihnen das Leben gerettet."

Joanie Rosen hat ein Leben gerettet.
Das Leben ihres Bruders.

Joanie ist reizend, fürsorglich und immer schnell mit Lob und Ermutigung bei der Hand. Sie hat Kosenamen für sämtliche Mitglieder ihrer Familie – eine Nichte ist „Rebecca von der Sunnybrook Farm"[13], frisch Verheiratete sind „Ken und Barbie", ein kleiner Cousin ist „gute, gute, gute" (Jiddisch für „gut"). Joanies Wohnung ist komplett in den Farben rot, weiß und blau dekoriert, als sei sie der Nationalfeiertagsausgabe der Zeitschrift *Martha Stewart Living* entsprungen. Es ist einfach schön, sie um sich zu haben.

Eines Tages erhielt Joanie einen Ruf, den alle fürchten und dem nur die wenigsten folgen.

Ihr Bruder Gary in Chicago, der seit Langem an einem Nierenleiden litt, würde sterben, wenn kein Spender gefunden würde.

Joanie meldete sich sofort zu einer Untersuchung an, ob ihre Niere passen könnte, und das Testergebnis war positiv.

Joanie freute sich sehr. Sie wollte ihrem Bruder das Leben schenken. Ihr Vater war im Alter von zweiundsechzig Jahren an Nierenversagen gestorben – ihr Bruder war vierzig. Er sagte immer, er wolle versuchen, gesund zu bleiben und länger zu leben. Aber nun war er in Lebensgefahr und brauchte unbedingt die Niere, die seine Schwester ihm gerne geben wollte.

Gary wollte nicht, dass sie das tat und ihr Leben riskierte, um seines zu retten. „Pony", sagte er – er nannte sie Pony, weil sie als Kind immer einen Pferdeschwanz getragen hatte – „das ist zu gefährlich."

Aber Joanie wollte nichts davon hören.

Die Operation sollte in einem Krankenhaus in Wisconsin stattfinden. Joanie und Gary wurden gleichzeitig für die Operation vorbereitet. Beide waren sediert und lagen auf den Krankenhaustragen,

---

13 *Rebecca of Sunnybrook Farm* ist ein Kinderbuch-Klassiker von Kate Douglas Wiggin, der 1903 geschrieben und 1938 mit Shirley Temple in der Hauptrolle verfilmt wurde. 1978 wurde in Großbritannien eine Fernsehserie nach dem Roman ausgestrahlt, die 1980 von der ARD unter dem Titel *Rebecca, ein Mädchen setzt sich durch* übernommen wurde. (Anm. d. Ü.)

Bruder und Schwester Seite an Seite. So wie Joanie die Geschichte erzählt, stand Gary schon unter Narkose, sie aber noch nicht. Sie stand von ihrer Trage auf, ging zu Gary hinüber, nahm seine Hand und sagte: „Gary, jetzt wirst du die Lebensqualität haben, die du verdienst." Obwohl Joanie glaubte, dass ihr Bruder bereits weggetreten war, drückte er wie zum Dank ihre Hand.

Die Operation verlief rundum erfolgreich. Gary erholte sich rasch und erfreute sich einer Lebensqualität, wie er sie viele Jahre nicht gekannt hatte. Auch Joanie erholte sich wieder – wenngleich es deutlich länger dauerte als erwartet. Bis heute lebt sie mit nur einer Niere.

Joanie nahm ihr ganz normales Leben mit ihrem Mann Paul und ihren beiden Jungs wieder auf, mit allen Höhen und Tiefen, die man in zwanzig Jahren so durchmacht.

Bis Paul eines Tages mit ganz gelblicher Haut von der Arbeit nach Hause kam. Innerhalb von sechs Monaten ergriff der Krebs völlig von ihm Besitz, und er starb im Alter von fünfundfünfzig Jahren. Joanie war zutiefst niedergeschlagen, aber sie wollte sich davon nicht unterkriegen lassen. Sie hielt sich nach diesem tragischen Verlust durch die Fürsorge für zwei Söhne, eine Schwiegertochter und ein neugeborenes Enkelkind aufrecht.

Dann, nachdem er sich über zwanzig Jahre lang dank der gespendeten Niere bester Gesundheit erfreut hatte, fiel Gary plötzlich ins Koma. Sie eilte nach Chicago an sein Bett in einem Hospiz. Seit zwei Tagen war er nicht aufgewacht. Unbeirrt nahm Joanie seine Hand und sagte: „Ich liebe dich, Gary." Er öffnete die Augen und sagte: „Ich liebe dich auch, Pony …" Am darauffolgenden Tag starb er.

Joanies ältester Sohn John sagte zu ihr: „Mom, unserer Familie ist so viel Schreckliches passiert. Ich weiß nicht, ob ich noch an Gott glaube."

Daraufhin sagte Joanie ihrem Sohn: „John, du musst glauben. Du musst Hoffnung haben. Wenn du keine Hoffnung mehr hast, dann hast du nichts. Ich habe Hoffnung. Ich habe die Hoffnung, dass morgen besser sein wird als gestern. Vielleicht wird es das, vielleicht nicht. Aber ich muss einfach glauben, dass morgen alles besser wird."

Joanie machte Geschenke liebender Güte: Ihrem Bruder das Geschenk des Lebens und ihrem Sohn das Geschenk der Hoffnung.

Warum ist ein einziges Leben so wichtig? Kann ein einziges Leben auf der Welt überhaupt etwas bewirken?

Als die Israeliten vor dem Heer des Pharao flohen und vor dem Roten Meer standen, sprach Gott zu Moses: „Befiehl den Israeliten, weiterzuziehen. Halte deinen Stab über das Meer. Es wird sich teilen, und ihr werdet sicher hindurchziehen." Aber das Volk hatte Angst. Sie glaubten, sie würden ertrinken.

Ein Mensch, Nachschon ben Aminadew, hatte den Mut und den Glauben, ins Wasser zu schreiten und zu handeln. Immer weiter watete er hinaus, bis ihm das Wasser bis zu den Nasenlöchern stand und er nicht mehr atmen konnte. Erst dann teilte sich das Meer.

Nachschon lagen seine Familie und sein Volk am Herzen, und er machte den ersten Schritt – buchstäblich – um zu zeigen, wie sehr sie ihm am Herzen lagen.

Ein einziges Leben – mehr braucht es nicht, um in der Welt etwas zu bewirken.

Etwas bewirken

Jeder möchte wichtig sein.
Jeder möchte etwas bewirken.
Du kannst es.
Tag für Tag.
Mit einfachen Taten der Fürsorge und Güte.

Jeder möchte etwas bewirken.

Eine wunderbare Geschichte darüber, wie man für andere sorgt, wurde durch das erste Buch der Reihe *Hühnersuppe für die Seele* bekannt, doch wie viele Geschichten, die Allgemeingut werden, weiß man nicht, woher sie ursprünglich kommt. Sie basiert auf einem Essay des Wissenschaftlers und Dichters Loren Eiseley, den er in seiner Schriftensammlung *The Unexpected Universe*[14] veröffentlicht hat. Heute kursieren buchstäblich Hunderte verschiedener Versionen der Geschichte im Internet, und man hört sie regelmäßig bei Abschlussfeiern und in Motivations-Workshops. Warum? Weil sie eine tiefe Wahrheit veranschaulicht: Jede Handlung, die du begehst, hat Folgen für jemanden oder etwas in Gottes Universum.

Sinngemäß geht die Geschichte so: Ein Mann geht am Strand spazieren und trifft dabei auf jemanden, der gestrandete Seesterne aufliest, sie wieder ins Meer zurückwirft und damit vor dem sicheren Tod bewahrt. Zu Hunderten werden die Seesterne an den Strand geschwemmt. Der Beobachter merkt an, die Bemühungen des Werfers seien nutzlos, weil sie im Endeffekt gar nichts ausmachten. Daraufhin schleudert der Werfer einen weiteren lebenden Seestern ins Meer und sagt: „Aber für den macht es etwas aus."

Zeig, dass du für andere da bist

Gott vollbringt Taten liebender Güte. Die Bibel steckt voller Geschichten darüber, dass Gott für andere sorgt. Das traditionelle jüdische Morgengebet enthält folgende Worte aus der Bibel:

> Heilig sollt ihr sein, denn heilig bin ich, der Ewige, euer Gott. … Du sollst einem Tauben nicht fluchen und vor einen Blinden sollst du keinen Anstoß legen. … Ihr sollt kein Unrecht tun im

---

14 Eiseley, Loren, The Unexpected Universe, Harcourt, New York 1972; nicht auf Deutsch erschienen. (Anm. d. Ü.)

Gericht, nicht sollst du den Niedern berücksichtigen und den Großen nicht scheuen; in Gerechtigkeit sollst du deinen Nächsten richten. Du sollst nicht stehen bei dem Blut deines Nächsten. Du sollst deinen Bruder nicht hassen in deinem Herzen. Und du sollst deinen Nächsten lieben wie dich selbst. Ich bin der Ewige.

WAJJIKRA – PRIESTERTUM (3. MOSE) 19, 2, 14-18 (TUR-SINAI)

Auch du kannst für andere sorgen. Indem du jeden Tag etwas Gütiges tust. Indem du für einen einzigen Menschen etwas bewirkst. Wer weiß?

Vielleicht kannst du heute etwas tun, über das die Welt – deine Welt – noch Jahre später spricht.

Gottes Aufgaben-Liste

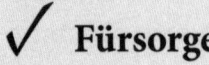 **Fürsorge**

51. Bewirke etwas im Leben eines anderen, indem du einfach für ihn oder sie sorgst. Halte einem Fremden die Tür auf, umarme einen lieben Menschen.

52. Tue eine x-beliebige gute Tat – mit voller Absicht.

53. Starte eine Freundlichkeiten-Kette nach Oprah Winfreys Vorbild. Tue dazu einem Menschen, der dies möglichst nicht erwartet, etwas Gutes. Schenke ihm Blumen, ein Buch, eine CD, erledige einen Einkauf für ihn, lade ihn zum Essen ein, was immer dir einfällt. Statt nun umgekehrt dir etwas Gutes zu tun, soll dieser Mensch zum Ausgleich einem anderen Gutes tun – und immer so weiter …

54. Wenn du ohnehin im Internet unterwegs bist, dann sende einer Freundin oder einem Freund eine Grußkarte, nur um ihm oder ihr den Tag ein wenig zu verschönern.

55. Lege einem Nachbarn Blumen vor die Tür – ohne Absender.

56. Bringe Kaffee und Kuchen oder Kekse mit ins Büro.

57. Mache mit einem Bewohner oder einer Bewohnerin eines Altenheims einen Ausflug.

58. Erinnere deine Kinder daran, ihre Großeltern anzurufen, wenn sie Geburtstag haben.

59. Verabschiede dich nie ohne Abschiedskuss von einem lieben Menschen, ganz egal was gerade los sein mag.

60. Sage nahestehenden Menschen am Ende eines Telefongesprächs immer, dass du sie lieb hast. Du weißt nie, ob das nicht die letzte Gelegenheit ist, dass du es ihnen sagen kannst.

Repariere

Gott hat die Welt erschaffen, aber sie ist nicht vollkommen. Ganz und gar nicht.

Kinder gehen hungrig zu Bett.

Barbarische Menschen begehen Völkermorde.

Völker erheben das Schwert gegen andere Völker.

Obdachlose schlafen auf der Straße.

Die Welt braucht Menschen, die sie reparieren.

Am Ende jedes traditionellen jüdischen Gebetsgottesdienstes, der dreimal täglich gehalten wird und Gott als den Heiligen Einen feiert, heißt es im Alenu-Gebet:

> Deshalb hoffen wir auf Dich, Ewiger, unser Gott, Dich bald in der Herrlichkeit Deiner Stärke zu sehen, um … die Welt zu vervollkommnen als Reich des Allmächtigen; und dass alle Sterblichen Deinen Namen anrufen … .[15]

Dies ist der Ruf nach sozialer Gerechtigkeit. Es ist die Anerkennung, dass Gott uns Arbeit übrig gelassen hat, um die

Die Welt braucht Menschen, die sie reparieren.

---

15 Quelle: www.achgut.com/dadgdx/index.php/dadgd/article/anmerkungen_zu_spaemann/
Abweichend in Nachama, Dr. Andreas und Sievers, Jonah (Hrsg.), *Jüdisches Gebetbuch Schabbat und Werktage*, Gütersloher Verlagshaus 2009: Darum hoffen wir auf dich, Ewiger, unser Gott, bald deine Herrlichkeit zu schauen … . Wie die Welt gegründet sein wird auf das Reich des Allmächtigen und alle Menschenkinder deinen Namen anrufen.

Welt zu vervollkommnen, um ihre Zerbrochenheit zu reparieren
– *Tikkun Olam* – um *Schalom* zu erstreben. Dieser hebräische Begriff wird normalerweise mit Frieden übersetzt, kommt aber vom
Stammwort für „Ganzheit".

Wir können nicht ganz sein, wenn die Welt nicht ganz ist.

Der göttliche Funken in dir wird angestoßen, wenn du einem
Menschen begegnest, geschaffen nach dem Bilde Gottes, der in
tiefster Not ist. Dabei geht es nicht bloß um eine großzügige Geisteshaltung, es geht vielmehr darum, dass der Geist in dir das Herz
zum Handeln aufruft.

Die Bibel steckt voller Gesetze, die einer tiefen Sorge um Benachteiligte, Fremde, Witwen und Waisen Ausdruck geben. Gott sagt:

> Und einen Fremdling sollst du nicht kränken und nicht bedrücken, denn Fremdlinge wart ihr im Land Mizraim. Keine Witwe
> und Waise sollt ihr bedrücken. Wenn du sie aber bedrückst,
> werde ich, so sie zu mir schreit, ihren Schrei erhören, und mein
> Angesicht wird aufflammen und ich werde euch töten durch
> das Schwert, dass eure Frauen Witwen und eure Kinder Waisen
> werden.
>
> Wenn du meinem Volk, dem Armen neben dir, Geld leihst, sei
> nicht gegen ihn wie ein Schuldherr; legt ihm keinen Zins auf.
> Wenn du das Kleid deines Nächsten zum Pfand nimmst, sollst
> du es ihm bis zum Sonnenuntergang zurückgeben. Denn dies
> ist seine einzige Bedeckung, dies sein Gewand für seinen Leib;
> worin soll er schlafen? Und wenn er dann zu mir schreit, so
> werde ich ihn hören, denn ich bin barmherzig.
>
> SCHEMOT – AUSZUG (2. MOSE) 22, 20-26 (TUR-SINAI)

Wie wirst du die Welt reparieren?

Menschen, die die Welt reparieren

Danny Siegel wendet seine ganze Zeit und Kraft für das Reparieren der Welt auf. Vor über dreißig Jahren gründete er eine gemeinnützige Organisation zur Unterstützung von Mizwa-Helden, wie er es nennt. (Mizwa ist das hebräische Wort für „Pflicht", das oft auch als „Gebot" übersetzt wird; im Zusammenhang mit Siegels Vereinigung bedeutet es „gute Tat"). Auf der ganzen Welt sucht er Menschen, die ihr Leben dem Dienst an anderen widmen, Menschen wie:

- Ranya Kelly, die „Schuh-Dame" aus Denver, die ihr Werk begann, als sie eines Tages fünfhundert Paar nagelneuer Schuhe in einer Mülltonne fand. In zweiundzwanzig Jahren hat sie bis heute brauchbare Gegenstände im Wert von über dreiundzwanzig Millionen Dollar vor der Vernichtung bewahrt und an Menschen in Not verteilt.
- Dr. Paula Kay Beville, die Gründerin von *Second Wind Dreams*, einer Organisation, die älteren Menschen in Heimen und anderen Einrichtungen einen Lebenstraum erfüllt.
- John Beltzer, den Gründer von *Songs of Love*, einer Gruppe von Musikern, die Stücke für Kinder mit lebensbedrohlichen Krankheiten komponieren.
- Jeannie Jaybush, die sich in der St. Joseph's Baby Corner in Seattle um die Bedürfnisse armer Mütter und ihrer Neugeborenen kümmert.
- Clara Hammer, die „Hühner-Dame" aus Jerusalem. Als sie eines Tages miterlebte, wie eine arme Frau bei einem Metzger um Knochen für eine Suppe bettelte, war sie so fassungslos, dass sie vor zweiundzwanzig Jahren den *Chicken Fund* gründete, durch den über zweihundertfünfzig

bedürftige Familien jede Woche zum Schabbat ein Hühn-
chen bekommen. Als sie mit ihrer Reparatur-Arbeit begann, war sie bereits zweiundsiebzig Jahre alt.

Danny ist ein unermüdlicher Lehrer und Fürsprecher der Vervollkommnung der Welt. Er schöpft seine Inspiration aus seinen pro-
funden Kenntnissen jüdischer Werte und aus Beispielen wie dem
Giraffe Heroes Project, das Menschen ehrt, die „ihren Hals recken",
um die Welt ein wenig besser zu machen. 1975, bei der Gründung
seines *Ziv Tzedakah Fund*, brachte er 995 Dollar zusammen und
verteilte sie an unbekannte Mizwa-Helden. Allein im Jahr 2005
sammelte und verteilte Danny annähernd zwei Millionen Dollar
an Dutzende von Projekten unter der Leitung außergewöhnlicher
Menschen aller Religionen, Rassen und Glaubensrichtungen. Der
Jahresbericht seines Fonds enthält eine Fülle bewegender Berichte
über das heilige Werk, das diese Helden tun, und ist eine höchst
inspirierende Lektüre.[16]

David Levinson ist Drehbuchautor. Mit *Temple Israel of Hollywood*
gehört er einer wunderbaren Gemeinde an. Weil er etwas Gutes für
die Gemeinschaft tun wollte, stellte er für verschiedene Gruppen
in mehreren Stadtteilen von Los Angeles eine Liste kleiner Aufgaben zusammen, die an einem Tag zu bewältigen sind – Malern,
Gärtnern oder Reparieren. An einem Sonntag im Jahr 1999 warb
er dreihundert Mitglieder seiner Gemeinde für eine Mizwa. Die
Teilnehmenden hatten nicht nur viel Spaß an der Arbeit, sondern
sie fühlten sich auch nützlich und gebraucht, und das gab ihnen ein

---

16 Inzwischen wurde der Fond geschlossen; Nachfolger ist der von Schülern von Danny
Siegel gegründete Mizvah Heroes Fund. Einen Newsletter [in englischer Sprache]
kann man unter www.mitzvahheroesfund.org abonnieren. (Anm. d. Ü.)

Hochgefühl. Im darauffolgenden Jahr meldeten sich sechshundert Menschen freiwillig zum Mizwa-Tag. Bald war er Gesprächsthema unter den Sozialdiensten, die von dieser eintägigen Hilfslawine profitierten, und rasch verbreitete sich die Mund-zu-Mund-Propaganda in der ganzen Stadt. Kirchen wollten sich beteiligen, und die Zahl der Schulen, Horte und anderen sozialen Einrichtungen, die Hilfe benötigten, schoss wie Pilze in die Höhe. Im Jahr 2002 hatte das Projekt tausendfünfhundert Menschen erreicht, die einen Tag der Vervollkommnung der Welt widmen wollten.

Als sich immer mehr Menschen beteiligten, benannten Levinson und der Vorstand seiner Gemeinde das Projekt in *Big Sunday* um. Heute hat sich der *Big Sunday* zu einer riesigen Aktion entwickelt. Dabei arbeiten über 30.000 Menschen aus allen Schichten bei den unterschiedlichsten Projekten mit, von der Zubereitung einer warmen Mahlzeit bis zur Installation einer Sprinkleranlage. Teenager stellen Shows für ältere Mitbürger auf die Beine, und Freiwillige legen Gärten an und säubern Strände. Mitglieder Dutzender Kirchen und Synagogen bereiten Frühstücksbuffets für Obdachlose zu und stellen ihnen Lebensmittelkörbe zusammen. Sogar der Oberbürgermeister von Los Angeles, Antonio Villaraigosa, gab seine Unterstützung, indem er seinen *Citywide Day of Service* mit dem *Big Sunday* zusammenlegte. So wurde aus einem kleinen Reparatur-Projekt ein großes gemeinschaftsstiftendes Ereignis. Das Motto des *Big Sunday* sagt bereits alles:

> Egal, wer du bist, egal, wo du wohnst, egal, was du tust, jeder kann einem anderen auf irgendeine Art und Weise helfen.

Natürlich wissen Levinson und seine Kollegen, dass ein einziger Tag ehrenamtlicher Arbeit die Welt kaum vollkommener machen kann; aber es ist ein Anfang. Wenn es gelingt, so viele Menschen in der *Stadt der Engel* dafür zu gewinnen, Freude und Erfüllung am Dienst für andere und an der Reparatur des Zerbrochenen zu finden, dann besteht die Hoffnung, dass aus einem Tag des Dienens ein ganzes Leben des Dienens werden kann und diese Menschen neu erkennen, wie wichtig es ist, Gottes Werk auf Erden zu tun. Inspirationen kannst du dir auf www.bigsunday.org holen.

Die Schulabschlussfeier markiert für alle jungen Menschen einen wichtigen Übergangspunkt im Leben. Gerade Mädchen kleiden sich dafür gern besonders hübsch, fast ein wenig wie Aschenputtel beim Ball. Aber was, wenn sie sich das teure Kleid, die Schuhe und Accessoires nicht leisten können? Im Jahr 2002 erkannten mehrere Frauen an beiden Küsten der USA, dass Hunderte von Mädchen in diesem Dilemma steckten. In Philadelphia gründete Joyce Jesko die gemeinnützigen *Fairy Godmothers* (Feenpatinnen; www.fairy-godmothers.com), die gut erhaltene Abschlussballkleider sammeln und oft umsonst an diejenigen weitergeben, die sie benötigen. In San Francisco schickten Laney Whitcanack und Kristi Smith Knutson eine E-Mail an Freundinnen, weil sie ihrer jungen Freundin Lo Qiu ein Kleid besorgen wollten. Auf einen Schwung wurden ihnen fünfundachtzig Kleider gespendet. Daher gründeten sie *The Princess Project* (www.princessproject.org), das jungen Frauen in San Francisco und Umgebung Kleider für die Abschlussfeier zur Verfügung stellt. Im Jahr 2006 startete die 17-jährige Marisa West, aus Beltsville im US-Bundesstaat Maryland, ein Projekt, bei dem sie Abschlussfeier-Kleider für die Opfer des Wirbelsturms Katrina sammelte. Alle drei Projekte erbrachten jeweils über eintausend Kleider!

Eine Schülerin, die ein Kleid erhielt, schrieb Marisa folgenden Dankesbrief:

Hallo, ich bin Schülerin an der Cabrini High School und besuche die 11. Klasse. Ich habe bei dem Sturm alles verloren; in unserer Wohnung stand das Wasser knapp drei Meter hoch. Ich bin sooooo dankbar, dass Miss West dies tut. Alle Schülerinnen freuen sich so riesig über die Kleider, und über hundert haben sich als ehrenamtliche Helferinnen gemeldet. Manche Mädchen konnten sich kein Kleid leisten und viele andere waren einfach überfordert. So kehrt tatsächlich etwas Sonnenschein in unser Leben nach dem Sturm ein. Vielen lieben Dank, Marisa West! Was wir empfinden, lässt sich nicht mit Worten beschreiben. Gott segne Sie und alle, die geholfen haben.

J. Dandridge, New Orleans

In mindestens einem Dutzend Städten in Amerika engagieren sich Ehrenamtliche dafür, dass junge Frauen zu ihrer Abschlussfeier angemessen gekleidet sind.

Harold Schulweis gehört zu den großen Rabbis unserer Zeit. Er ist eine prophetische Stimme, die im Angesicht von Ungerechtigkeit noch nie geschwiegen hat. Bei der größten Zusammenkunft seiner Gemeinde im Jahr 2004 forderte er seine Schäfchen dazu auf, etwas gegen den zunehmenden Völkermord im Darfur zu tun. Mit Janice Kamenir-Reznik gewann er eine dynamische Führungspersönlichkeit unter den Laien für die Leitung des Projekts, das den Namen *Jewish World Watch* erhielt. Innerhalb kürzester Zeit wurden mehrere Veranstaltungen organisiert, um Geld für die Einrichtung von Krankenhäusern und das Ausheben von Brunnen zu sammeln. Damit sollte den Menschen, die vor den Unruhen aus dem Sudan flohen, geholfen werden. Als sie erfuhren, dass Frauen, die auf der Suche nach Brennholz die Flüchtlingslager verließen, vergewaltigt

wurden, kauften Schulweis und Kamenir-Reznik Hunderte von So-
larkochern. Zwar ging das Projekt von einer bestimmten Gemeinde
aus, nämlich Valley Beth Shalom im kalifornischen Encino, doch
in ganz Los Angeles richteten vierzig weitere Synagogen jeweils eigene Jewish World Watch-Gruppen ein, um Aufmerksamkeit und
Spenden zu gewinnen. Die Folge: Tausenden kann geholfen werden.
Mehr darüber erfährst du unter www.jewishworldwatch.org.

Die Welt reparieren – Schritt für Schritt

In seinem Buch *Eine unbequeme Wahrheit* weist Al Gore, der ehemalige Vizepräsident der USA, darauf hin, dass wir die Welt alles
andere als reparieren, sondern vielmehr drauf und dran sind, unseren Heimatplaneten zu zerstören. Wir ignorieren die enorme
Steigerung des Kohlendioxid-Ausstoßes und erwärmen damit die
Erde mit alarmierender Geschwindigkeit, was wiederum zu Wet-
terkatastrophen führt, die Eiskappen an den Polen schmelzen lässt
und damit unsere Existenz direkt bedroht.
Gott behüte.

Sei ein Mensch,
der repariert.

Al Gore ist nicht der Erste, der darauf
hinweist, wie wichtig es ist, Gottes Ge-
schenke in der Natur zu bewahren. In einem berühmten Kommen-
tar zum *Buch der Prediger* werden wir gewarnt:

Gott nahm den ersten Menschen, ging mit ihm an allen Bäumen
des Garten Eden vorüber und sprach: „Sieh meine Werke, wie
fein und ausgezeichnet sie sind! Alles, was ich erschaffen habe,
habe ich für dich erschaffen. Bedenke dies und plündere und
verwüste Meine Welt nicht; denn wenn du sie zerstörst, wird es
nach dir niemanden mehr geben, der sie wiederherstellt."

KOHELET RABBA 1 ZU PREDIGER 7, 13

Betrachte die Werke Gottes.

Schaue auf die Bäume, den Himmel, die Erde.

Erblicke Menschen, geschaffen nach dem Bilde Gottes.

Erkenne, dass du einer der Hüter von Gottes Schöpfung bist.

Wenn du ein kleines Stückchen der zerbrochenen Welt reparierst, dann tust du Gottes Werk.

Gott repariert.

Sei ein Mensch, der repariert.

Gottes Aufgaben-Liste

✓ **Repariere**

61.   Sei eine Giraffe – recke deinen Hals. Sei ein Held oder eine
      Heldin und entdecke eine neue Art, Bedürftigen zu dienen.

62.   Spare Wasser, pflanze Bäume, lege Gärten an, sorge dafür,
      dass Dinge wiederverwertet werden, schütze die Umwelt.

63.   Schalte zu Hause nicht benötigtes Licht aus. Verwende
      Energiesparlampen und heize deine Räume nicht über 21°C.

64.   Spare Benzin. Fahre Fahrrad. Gehe zu Fuß. Lege dir ein
      verbrauchsgünstigeres Auto zu.

65.   Spende dein Brautkleid und dein Kleid zur Abschlussfeier
      für jemanden, der es sich nicht leisten kann.

66.   Werde politisch aktiv und kämpfe gegen Ungerechtigkeit,
      wo immer sie dir auffällt.

67.   Spende Organisationen, die sich für soziale Gerechtigkeit
      einsetzen, Zeit und Geld.

68.   Nimm eine Katze oder einen Hund aus dem Tierheim auf.

69.   Lasse deine Kinder oder Kinder in der Nachbarschaft Li-
      monade oder Kekse, die du selbst gemacht hast, oder Obst
      aus deinem Garten verkaufen – und spende das Geld für
      eine gute Sache.

70.   Reise in ein Land, in dem ehrenamtliche Helfer gebraucht
      werden, und gib deine spirituellen Gaben weiter.

Ringe

Du kannst mit Gott ringen.

Du kannst dich sogar mit Gott streiten.

In jeder ernsthaften Beziehung gibt es Zeiten, in denen man zu kämpfen hat.

> Du kannst mit Gott ringen.

Gott hat ganz und gar nichts gegen einen guten Streit.

Abraham ist der Erste, der sich mit Gott gestritten hat.

Die Einwohner von Sodom und Gomorrha, die Abrahams Schwager Lot die Gastfreundschaft verweigerten, als er sein Zelt in der Nähe ihrer Städte aufschlug, werden als „sehr böse und sündig" (Bereschit – Anfänge [1. Mose] 13, 3) bezeichnet. Doch als Gott Abraham seinen Entschluss kundgibt, Sodom zu zerstören, streitet sich Abraham heftig und beredt mit Gott:

> „Willst du gar den Gerechten mit dem Frevler hinraffen? Vielleicht gibt es fünfzig Gerechte in der Stadt, wolltest du gar hinraffen und dem Ort nicht vergeben um dieser fünfzig Gerechten willen, die darin sind? Schmach sei es dir, solches zu tun, den Gerechten zu töten mit dem Frevler, dass der Gerechte gleich dem Frevler wäre. Schmach sei das dir! Sollte der Richter aller Erde nicht Recht üben?"
>
> Bereschit – Anfänge (1. Mose) 18, 23-25 (Tur-Sinai)

Das ist atemberaubend. Die Herausforderung liegt in der kühnen Behauptung, dass sogar Gott den moralischen Regeln unterworfen ist, die für die Menschen erstellt wurden. Ein Kommentator vermutet, dies sei weniger eine Frage als vielmehr eine Forderung:

> Übe nicht strenge Gerechtigkeit an diesen Menschen! Du, Herr, weißt, wie schwach die menschliche Natur ist. Du weißt, wie schwer es ist, in Sodom ein guter Mensch zu sein. Behandele sie nachsichtiger, als es die strikte Gerechtigkeit erfordern würde.
>
> MESHECH CHOCHMA[17]

Gott lässt sich darauf ein und stimmt Abraham zu: „Wenn ich zu Sodom fünfzig Gerechte in der Stadt finde, will ich dem ganzen Ort vergeben um ihretwillen." (Bereschit – Anfänge [1. Mose] 18, 26).

Abraham treibt die moralische Frage noch weiter: „Sieh, ich habe mich nun unterfangen, zu meinem Herrn zu reden, ob ich nur Staub auch bin und Asche! Vielleicht fehlen an diesen fünfzig Gerechten fünf –, wolltest du um der fünf willen die ganze Stadt verderben?" (Bereschit – Anfänge [1. Mose] 18, 27-28)

Wieder ist Gott einverstanden: Keine Zerstörung, wenn es 45 Gerechte in der Stadt gibt.

Und was, wenn es nur 40 gibt? fragt Abraham.

Gott ist einverstanden.

30?

Ja.

20?

Okay.

Abraham bedrängt ihn weiter: „Möge es doch den Herrn nicht

---

17 Rabbi Meir Simcha HaKohen of Dvinsk, Meshech Chochma, nur auf Hebräisch zu beziehen über booksnbagels.com (Schweiz).

verdrießen! Nur noch diesmal will ich reden! Vielleicht finden sich daselbst zehn!" Und Gott antwortet: „Ich werde nicht verderben, um der zehn willen." (Bereschit – Anfänge [1. Mose] 18, 32)

Am Ende gab es keine zehn Unschuldigen in Sodom und Gomorrha, und die Städte wurden vernichtet. Aber das Schauspiel eines Mannes, der so leidenschaftlich mit Gott streitet, wurde zur theologischen Grundlage für die Verpflichtung zu sozialer Gerechtigkeit und zum Vorbild für eine andere Beziehung zwischen Gott und Gottes Partnern in der Welt.

Abraham streitet, Jakob ringt.

Zwar ein biblischer Held, ist Jakob doch auch ein moralisch fehlbarer Mensch. Von seiner Mutter ermuntert, betrügt er seinen älteren Bruder um dessen Geburtsrecht und bringt mit einem Trick seinen Vater Isaak dazu, ihm statt, wie eigentlich beabsichtigt, Esau seinen Segen zu geben. Um die Dinge noch etwas komplizierter zu machen, wird Esau als kräftiger, roher Jägersbursche dargestellt, wohingegen Jakob eindeutig ein Milchbubi und Mamas Liebling ist.

Stelle dir nun das Schauspiel vor, als Jakob zwanzig Jahre später unmittelbar vor der Begegnung mit seinem Bruder steht. Er teilt sein Lager in zwei Gruppen, weil er glaubt, dass so eine Gruppe den bevorstehenden Angriff überleben könnte. Er betet zu Gott um Erlösung. Er schickt Geschenke voraus als Friedensangebot. Eine Nacht vor der Begegnung schickt er seine Familie voraus über den Fluss Jabbok und bleibt allein zurück, schlaflos, ruhelos und voller Sorge. Plötzlich befindet er sich in einem Kampf:

Da rang ein Mann mit ihm, bis die Morgendämmerung sich hob. Als er sah, dass er (der Mann) ihm (Jakob) nicht beikommen konnte, fasste er an seinen Schenkelknauf; da zerrte sich der Schenkelknauf Jaakobs, als er mit ihm rang.

BERESCHIT – ANFÄNGE (1. MOSE) 32, 25-26 (TUR-SINAI)

Wer war dieses mysteriöse Wesen? Ein Mann? Ein Engel? Der Geist Esaus? Esau selbst? Ein böser Flussgeist? Gott?

Die Antwort könnte in dem zu finden sein, was dann geschieht:

> Und er (der Mann) sprach: „Lass mich ziehen, denn die Morgendämmerung hat sich gehoben." Er (Jakob) aber sprach: „Ich lasse dich nicht ziehen, du segnetest mich denn." Da sprach er zu ihm: „Wie ist dein Name?" Und er sprach: „Jaakob." Da sprach er: „Nicht Jaakob soll fortan dein Name heißen, sondern Jisraël (Gott kämpft), denn du hast mit Gott und mit Menschen gekämpft und hast gesiegt."
>
> BERESCHIT – ANFÄNGE (1. MOSE) 32, 27-29 (TUR-SINAI)

Die Namensänderung ist Anzeichen einer Wesensänderung in Jakob, jetzt Israel – „der mit Gott kämpft". Gleich ob die Auseinandersetzung nun mit Dämonen, seinem Gewissen oder seinem Gott stattgefunden hat, sie hat Israel für immer verändert. Er macht sich immer noch Sorgen wegen der bevorstehenden Begegnung mit seinem Bruder Esau, aber sie geht glücklich aus. Im Text heißt es wörtlich: „Da lief Esaw ihm entgegen, umarmte ihn und fiel ihm um den Hals und küsste ihn; und sie weinten." (Bereschit- Anfänge [1. Mose] 33, 4)

Das Ringen mit Gott spiegelt die rabbinische Auffassung, wonach jeder Mensch ständig zwei entgegengesetzte Neigungen gegeneinander abwägen muss, den Jezer Hara, die Neigung zum Bösen, und den Jezer Hatov, die Neigung zum Guten. In Jakobs Ringkampf geht es um den Kampf zwischen seiner menschlichen Neigung, vor schwierigen Situationen davonzulaufen, und dem göttlichen Funken in seinem Inneren, der ihn dazu bringt, das Richtige zu tun. Er überschreitet den Fluss als ein verwandelter Mensch, er lässt seine

Das Ringen mit Gott verändert dich für immer.

Identität als Jakob – der Betrüger, der Lügner und der Schwindler – zurück und geht als Israel daraus hervor, derjenige, der sich Gott und den Menschen stellt. Aber der Kampf hat natürlich seinen Preis; Israel ist verletzt, körperlich und seelisch, und fortan hinkt er. Dennoch schildert die Bibel später, dass er in der Stadt Schechem als *Schalem* ankam – als ein Ganzer. *Schalem* ist eine Variante des Wortes Schalom.

Es gibt Zeiten im Leben, in denen wir mit Gott kämpfen.

Ringen mit Gott

Ich habe einen Menschen verloren, aber ich habe noch nicht getrauert. So widersprüchlich das klingt, es ist doch wahr. Ich habe eine Tochter verloren, aber ich habe nicht um sie getrauert.

Susie und ich waren bereits drei Jahre verheiratet, als wir schwanger wurden. Ich sage „wir", weil ich mich während der gesamten unauffälligen Schwangerschaft dem werdenden Kind so nahe gefühlt habe, wie es einem Vater nur irgend möglich ist. Ich bewunderte jedes Entwicklungsstadium in den neun Monaten, besonders als das Baby sich bewegte. Was für ein erstaunliches Gefühl, einen werdenden Menschen im Mutterleib zu berühren! Dann drückte sich ein Bein oder ein Arm sichtbar gegen Susies Bauch, als wolle er unbedingt herauskommen und spielen. Eine Schwangerschaft ist eine Zeit großer Freude und wunderbarer Zukunftsträume. Wird es ein Mädchen oder ein Junge? Wird sie oder er Susie oder mir ähnlich sehen? Welchen Namen werden wir unserem Kind geben? Wie wird ein Kind unser Leben verändern? Wir hatten einen Geburtsvorbereitungskurs nach Lamaze besucht und warteten nun auf den Geburtstermin. Trotz des Aberglaubens, man solle das Kinderzimmer nicht im Vorhinein einrichten, hatten wir die Möbel bereits bestellt und etwas Spielzeug gekauft. Nicht einen Augenblick dachten wir daran, dass etwas schiefgehen könnte. Doch es sollte schrecklich schiefgehen.

Unser erstes Kind wurde am Nachmittag des 6. Mai 1974 geboren und starb dreizehn Stunden später. Während der langen Wehen war das Baby unter Stress geraten, und Susie wurde in aller Eile für einen Not-Kaiserschnitt vorbereitet. Aufgrund des Stresses hatte das Baby mit Kindspech versetztes Fruchtwasser eingeatmet, medizinisch spricht man von einer Mekonium-Aspiration. Obwohl sich ein Neonatologen-Team die ganze Nacht hindurch heldenhaft um sie bemühte, konnte unsere Tochter nicht gerettet werden.

Unser Baby war von der Entbindungsstation in die Neugeborenen-Intensivstation auf der anderen Straßenseite gebracht worden. Susie blieb mit ihren Eltern auf der Entbindungsstation, während ich in Begleitung meiner Eltern die ganze Nacht im Kinderkrankenhaus wartete. Die Ärzte und Schwestern waren großartig und versorgten uns ständig mit den neuesten Informationen über den Zustand unseres Babys, machten uns zugleich aber wenig Hoffnung. Einmal schlug eine Psychologin vor, ich solle zu meinem Baby gehen. Es war ein herzzerreißender Moment. Fast die ganze Nacht über habe ich geweint und an Susie gedacht und daran, wie niederschmetternd dieser Verlust für sie wohl wäre. Susie erholte sich während der Nacht von der Operation im letzten Zimmer auf dem Flur der Entbindungsstation. Als eine Schwester ins Zimmer kam und alle Bilder von glücklichen Müttern mit ihren Neugeborenen entfernte, ahnte sie zum ersten Mal, dass etwas nicht stimmte. Ich sprach am Telefon mit ihr und gab zu, dass es ein Problem gab, riet ihr aber, sich auszuruhen und von den Qualen der Wehen und der Operation zu erholen. Am frühen Morgen kam ein wunderbarer junger Arzt im Praktikum, der die ganze Nacht an den Rettungsversuchen für unser Baby mitgearbeitet hatte, ins Wartezimmer, um mir die Nachricht zu überbringen. Doch sein Weinen machte alle Worte überflüssig. Der Schock überwältigte mich, auch wenn ich gewusst hatte, dass er kommen würde. Ich rannte buchstäblich über die Straße in jenen Flügel des Krankenhauses, in den Susie gebracht worden war. „Sie ist gestorben", waren die einzigen Worte, die ich herausbrachte, bevor ich in ihren Armen zusammenbrach. Zusammen weinten wir lange über dieses unglückliche Ende. Ich ahnte noch nicht, dass die schwere Zeit erst beginnen sollte.

Keiner wusste, wie er mit dieser Tragödie umgehen sollte – keiner. Die Krankenschwestern verlegten Susie von der Entbindungsstation in die Urologie, um ihr den Schmerz zu ersparen, dass sie die Geräusche von Babys hören musste. Der entbindende Arzt kam, sprach uns sein Beileid aus und sagte dann, dass er aufgrund des Kaiserschnitts leider 350 Dollar mehr berechnen müsse. Unsere Eltern, die ihr erstes Enkelkind erwartet hatten, waren völlig niedergeschlagen. Unsere Freunde kamen ins Krankenhaus, um uns zu trösten, aber die meisten verschlimmerten unseren Schmerz nur noch durch Bemerkungen wie: „Du bist noch jung. Du wirst noch mehr Kinder bekommen." „Es wird alles wieder gut." Gar nichts war gut. Was ein Moment höchster Freude hätte werden sollen, war zum schlimmsten Alptraum geworden. Statt unser Glück als frischgebackene Eltern zu genießen, waren wir in tiefste Trauer gefallen.

Für Susie war der Verlust überwältigend. Sie empfand unbeschreibliche Traurigkeit, Wut und Schmerz. Trotz der Versicherungen von Ärzten, Psychologen und mir, dass sie sich davon wieder erholen würde, fühlte sie sich unverstanden und verlassen. Ich weigerte mich zu trauern, ein schrecklicher Fehler. Stattdessen verbrachte ich schlaflose Nächte mit der Sorge um Susie und mit Glaubenszweifeln. Warum war das geschehen? Wie konnte Gott dieses unschuldige Baby sterben lassen? So sehr unsere Familie und unsere Gemeinde uns auch zu Hilfe eilten, in tiefster Nacht rangen wir mit Gott und gingen verletzt, aber voller Hoffnung daraus hervor.

Wir zogen nach Los Angeles und wurden dort von einer wunderbaren Ärztin betreut, einer Spezialistin für Hochrisiko-Schwangerschaften. Es dauerte zwei Jahre, bis wir wieder schwanger wurden – zwei Jahre unaufhörlicher Trauer für Susie und zwei Jahre des Verdrängens für mich. Nach einer sehr sorgfältig überwachten Schwangerschaft feierten wir die Geburt unserer Tochter Havi Michele. Zwei Jahre später wurde Michael Louis geboren. Sieben Jahre nach der Geburt unseres ersten Kindes trat Susie MEND bei, einer Selbsthilfegruppe für Mütter, deren Neugeborene gestorben waren (Mothers Experiencing Neonatal Death). Hier begegnete sie anderen Müttern, die mit einer solchen Tragödie fertig werden mussten, und allmählich löste sich ihr Kummer. Nach und nach beriet sie andere trauernde Eltern, eine Tätigkeit, zu der sie allzu oft gerufen wird. Bis heute habe ich das Gefühl, dass ich über den Verlust unseres ersten Kindes nie wirklich getrauert habe; und bis heute ringen wir darum zu verstehen, warum uns dies widerfahren ist.

Die biblischen Geschichten lehren, dass Gott Protest, Widerspruch oder Streit nicht unterbindet. Gott hat eine Welt erschaffen, in der die Menschen einen freien Willen haben, eine Welt, die keineswegs vollkommen ist, eine Welt, in der guten Menschen Böses geschieht und in der mit unseliger Regelmäßigkeit Naturkatastrophen eintreten. Habe keine Angst davor, Fragen zu stellen und Gott die Ungerechtigkeiten vorzuhalten, die du entdeckst. Mache dir keine Gedanken, Gott kann damit umgehen.

Solches Ringen mit Gott verändert dich für immer.

Kathy und Dennis Gura haben mit Gott gerungen.

Ihre Tochter Rebecca war siebzehn Monate alt, als bei ihr Leukämie diagnostiziert wurde. Sie war sechs Jahre alt, als sie starb.

Wie Kathy und Dennis erzählen, wollte Rebecca unbedingt ihren sechsten Geburtstag erleben.

Das erste, was die Eltern von der Psychologin zu hören bekamen, als sie erfuhren, dass ihre Tochter Krebs hatte, war: „Wissen Sie, achtzig Prozent der Eltern, die so etwas durchmachen, werden am Ende geschieden." Kathy und Dennis waren fest entschlossen, nicht zuzulassen, dass so etwas geschähe, und sei es nur um Rebeccas willen.

Dennis erinnert sich: „Oh ja, wir hatten unsere Auseinandersetzungen. Man kann sich gar nicht vorstellen, wie schwer es ist, vier Jahre lang den Krebs zu bekämpfen. Beratungsgespräche haben uns geholfen. Aber am wichtigsten war unser Einsatz für Rebecca, füreinander und für den Zusammenhalt unserer Familie. Viele Freunde, die Kinder im selben Alter hatten, verließen uns, als sie erfuhren, dass Rebecca Krebs hatte. Ich glaube, es war ihnen einfach zu unheimlich; und ich bin mir sicher, dass andere von unserem Zorn vertrieben wurden. Die Freunde, die uns nahe blieben, waren eher Menschen, die eine religiöse Bindung hatten. Natürlich war unsere Gemeinde in der Synagoge fantastisch. Die Leute boten uns Hilfe an, kleine Handreichungen, die aber sehr viel bedeuten. Am ersten Schabbat, den wir im Krankenhaus verbrachten, brachten uns Freunde Kerzen und Wein, damit wir dort, auf der Isolierstation, Schabbat feiern konnten."

Dennis und Kathy stellten die unvermeidliche Frage: „Warum geschieht uns so etwas? Hat Gott uns verlassen? Wie kann Gott zulassen, dass ein Kind, ein unschuldiges Kind, eines so schrecklichen Todes sterben muss?"

Irgendwie schafften sie es, selbst in ihrem Kampf um ihren Glauben an Gott festzuhalten. Das Wissen, dass sie dabei nicht allein waren, half ihnen. Die Welt ist voller Menschen, die mit Gott ringen.

„Manchmal haben Kathy und ich das Gefühl, dass wir seit Rebeccas Tod keinen Tag älter geworden sind. Irgendwie ist an jenem Tag auch in uns etwas gestorben. Andererseits denke ich an die chassidische Geschichte von der Frau, deren Kind starb. Sie empfindet unglaublichen Schmerz, geht zum Rebbe und fragt ihn, was sie tun soll. Er sagt: ‚Backe einen Kuchen.‘ ‚Was?‘, fragt sie. ‚Backe einen Kuchen, aber verwende dazu nur Mehl, das du von Menschen geborgt hast, die geringeres Leid tragen als du. Bringe mir den Kuchen am nächsten Schabbes.‘ Der Schabbat kommt, und die Dame kommt mit leeren Händen zum Rebbe. ‚Wo ist der Kuchen?‘, fragt er. Sie erwidert: ‚Ich konnte kein Mehl bekommen, weil es niemanden gibt, der in seinem Leben weniger Leid erfahren hat als ich.‘“

In seinem Buch *A Time to Mourn, a Time to Comfort: A Guide to Jewish Bereavement and Comfort*[18] beobachtet Rabbi Jack Reimer die besondere Widerstandsfähigkeit von Menschen, die mit Gott gerungen haben:

Das wahre Wunder von Adam und Eva ist, dass sie auf einen Schlag zwei Kinder verloren haben – Kain und Abel – und es dann in der Bibel heißt: „Und Adam liebte seine Frau wieder.“ Das lehrt uns, dass wir, wenn wir einen Verlust erleiden, eines Tages wieder aufstehen und von vorne beginnen. Andernfalls würden wir alle entweder von einem Mörder oder seinem Opfer abstammen. Adam und Eva lehren uns zu lieben, zu verlieren und aufs Neue zu lieben.

Noah steigt aus der Arche und betrinkt sich. Ich habe nie verstanden, warum er das macht, bis ich mit einem Überlebenden des Holocaust gesprochen habe. Er sagte: „Ich verstehe Noah. Ich habe es genauso gemacht. Ich kam nach Hause, und alles war weg. Alle Häuser, alle Freunde, alle Verwandten. Auch ich habe mich sinnlos

---

18 Jewish Lights, nicht auf Deutsch erschienen. (Anm. d. Ü.)

dem Alkohol ergeben, weil ich nicht mehr leben wollte. Irgendwann bin ich dann wieder aufgewacht, aber ich kann verstehen, was Noah getan hat."

Aaron verliert zwei Kinder am Tag seiner Einsetzung. Moses versucht, ihn mit einem religiösen Klischee zu trösten, und Aaron schaut ihn einfach nur an. Die Bibel – die mit Worten nicht verschwenderisch umgeht – deutet an, dass Aaron schwieg. Er hätte Gott lästern können, aber er tat es nicht. Er hätte weitermachen können, als sei nichts geschehen, aber Gott ist nicht so bedürftig, dass er Lobpreis von Menschen braucht, die es nicht ernst meinen. Stattdessen zog sich Aaron zurück, er pflegte seine Wunden, und als er bereit und in der Lage war, sein Amt wieder zu übernehmen, tat er es.

Am Ende des Buches Hiob, nachdem Hiob alles verloren hatte, bekam er, so heißt es, noch sieben Kinder. Ich habe Archibald MacLeish einmal sagen hören, dies sei der Knackpunkt des ganzen Buches. Als Hiob sieben Kinder verloren hatte, gab ihm Gott den Mut und die Kraft zu der Bereitschaft, noch einmal alles zu riskieren und erneut Kinder zu haben.

Das jüngste Beispiel dieser Fähigkeit, sich von einem Verlust wieder zu erholen, findet sich in der modernen jüdischen Geschichte. Von 1945 bis 1948 lebten Juden, die den Zweiten Weltkrieg überlebt hatten, in einem „Vertriebenenlager", wie es korrekt heißt. Sie konnten nicht wieder nach Polen zurück – es war kontaminiert. Sie konnten nicht nach Palästina, die Tore waren verriegelt. Sie konnten nicht nach Amerika. Drei Jahre lang waren sie in Vertriebenenlagern zusammengepfercht. In diesen drei Jahren fanden diese gebrochenen Menschen – Versehrte, Witwen, Witwer und Trauernde – zueinander, heirateten und brachten Kinder zur Welt. In diesen drei Jahren wurden mehr Kinder geboren als zu allen anderen Zeiten, für die uns demographische Angaben zur jüdischen Bevölkerung vorliegen. Heute sagen viele Menschen, sie hegen Zweifel, ob sie Kinder in diese

Welt setzen sollen. Hätten unsere Eltern gewartet, bis die Zeiten gut sind, um Kinder in die Welt zu setzen, dann wäre unsere jüdische Gemeinde heute deutlich kleiner. Sie haben geliebt und verloren und von Neuem etwas riskiert – genau wie Hiob. Es gibt keine theologische Rechtfertigung für das Böse oder das Leid – nur eine Antwort darauf. Die Antwort, die wir von Adam, Aaron, Hiob und den Überlebenden des Holocaust lernen können, lautet: Versuche es noch einmal.

Sich der Herausforderung stellen

Vielleicht ringst du mit den unvermeidlichen Herausforderungen in deinem Leben. Vielleicht wurdest du in einer Beziehung misshandelt und ringst damit. Vielleicht steckst du in einer belastenden finanziellen Situation und ringst damit. Vielleicht bist du oder ein lieber Mensch krank, und du ringst damit. Vielleicht kämpfst du mit einer Sucht und ringst damit. Vielleicht steckt deine Ehe in der Krise, und du ringst damit. Vielleicht machst du dir Sorgen um deine Kinder und ringst damit. Vielleicht fragst du dich, wie du für deine alten Eltern sorgen sollst und ringst damit.

> Die Frage ist: Vertraust du darauf, dass Gott mitten in diesem Kampf bei dir ist und dich zu einem Leben voller Segnungen führt?

Ganz zweifellos gibt es viele Momente im Leben, in denen wir ringen. Die Frage ist: Vertraust du darauf, dass Gott mitten in diesem Kampf bei dir ist und dich zu einem Leben voller Segnungen führt?

Gott könnte dich in einem Ringkampf locker aufs Kreuz legen. Aber so wirkt Gott nicht. Gott nimmt dein Ringen an und steht dir bei, Hand in Hand. Es bleibt die Frage: Kannst du aus dem Kampf hervorgehen wie Jakob/Israel, verwandelt zum Besseren, auch wenn du hinkst?

Gottes Aufgaben-Liste

✓ **Ringe**

71. Lobe Gott, aber habe keine Angst, ihn auch zu hinterfragen.

72. Erkenne, dass der Kampf zwischen unserer Neigung zum Bösen und unserer Neigung zum Guten natürlich ist. Jeder hat schlechte Gedanken; aber gute Menschen handeln nicht danach.

73. Finde etwas, womit Menschen zu kämpfen haben, und setze dich dafür ein.

74. Ärgere dich nicht, wenn jemand sagt: „Ich glaube nicht an Gott." Er oder sie ringt mit Gott.

75. Wenn Menschen Gott „verfluchen", dann habe Mitgefühl mit ihrem Kampf. Sie ringen mit Gott.

76. Setze dich für die Benachteiligten ein.

77. Übe dich in der Kunst des Kompromisses.

78. Wenn du in tiefster Nacht mit Problemen ringst, dann denke daran, dass Gott bei dir ist.

79. Lerne, mit deinen Lieben liebevoll zu streiten. Höre zu!

80. Bitte jemanden aus deiner Gemeinde, ein Engel zu sein und dir bei einem besonders schweren Kampf zu helfen.

9

Gib

Gott gibt. Und Gott lehrt uns, wie man gibt.

Die Menschen der Bibel glaubten das. Denke nur an die Geschichte der israelitischen Sklaven, die, aus Ägypten befreit, vierzig Jahre in der Wüste umherwanderten. Die Nahrungsmittel, die sie aus Ägypten mitgebracht hatten, waren zur Neige gegangen. Was sollten sie nun essen?

Und der Ewige redete zu Mosche und sprach: „Ich habe das Murren der Kinder Jisrael gehört; rede zu ihnen und sprich: Gegen Abend werdet ihr Fleisch essen und am Morgen euch an Brot sättigen, und ihr sollt erkennen, dass ich, der Ewige, euer Gott bin." Und es war nun am Abend, da kamen die Wachteln herauf und bedeckten das Lager; am Morgen aber lag die Taufeuchte rings um das Lager; als aber die Taufeuchte aufgestiegen war, sieh: Da lag etwas auf der Oberfläche der Wüste, fein, körnig, so fein wie der Reif auf der Erde. Als die Kinder Jisrael es sahen, sprach einer zum andern: „Man hu – was ist das?" Denn sie wussten nicht, was es war. Da sprach Mosche zu ihnen: „Das ist das Brot, das der Ewige euch zu essen gegeben." ... Und das Haus Jisrael nannte es ... Manna.

SCHEMOT – AUSZUG (2. MOSE) 16, 11-15, 31

Die Erinnerung an diesen Akt des Gebens zieht sich durch die gesamte Bibel. In einer bemerkenswerten Anweisung, die mit Gottes Wort am Sinai empfangen wird, wird dem Volk geboten, stets eine mit Feldfrüchten bebaute Ackerecke für die Armen der Gemeinde stehen zu lassen (3. Mose 19, 9-10).

> „Wie Gott euch in der Wüste Manna gegeben hat, so sollt ihr den Bedürftigen Nahrung geben …"

Es ist eine zerbrochene Welt, wenn Kinder hungrig zu Bett gehen, wenn die Obdachlosen an den Straßenecken stehen und Essen erbetteln, wenn in den Ländern der sogenannten Dritten Welt Millionen an Unterernährung und Hunger sterben.

Gott hat der Menschheit eine Welt unschätzbarer Schätze anvertraut. Die Vereinigten Staaten alleine produzieren genügend Nahrungsmittel, um die gesamte Welt zu ernähren. Warum herrscht dann immer noch Hungersnot?

Es gibt keinen Grund, warum auch nur ein Mensch auf der Welt Hunger leiden sollte; und doch gehen jeden Abend Millionen Kinder und Erwachsene mit leerem Magen ins Bett.

Das kann nicht sein. Du musst Gottes Sachwalter auf Erden sein und dafür sorgen, dass niemand Hunger leidet.

Gottes Hände

Judy und Beryl gingen in der *Cheesecake Factory* essen, ein Lokal, das für seine großen Portionen bekannt war. Am Ende des Essens bestellte Judy plötzlich noch eine Vorspeise. Beryl glaubte, sie wolle sie für jemanden zu Hause mitbringen. In gewisser Weise war das auch so. Direkt vor dem Eingang des Lokals saß ein Obdachloser und bat um Hilfe. Judy überreichte ihm die Tasche mit dem Essen.

Der Mann war ihr aufgefallen, als sie ins Restaurant gekommen waren. Jetzt lächelte er, schaute zu ihr auf und sagte: „Gott segne Sie."

Don Greenberg schenkt seinen Freunden und seiner Familie Pfirsiche. Seit er sich vor achtzehn Jahren aus seinem Lebensmittelgroßhandel zurückzog, hat Don einen Vertrag mit einem ausgezeichnet sortierten Pfirsich-Lieferanten. Er baut eine seltene Variante der Sorte O'Henry an, die die Größe eines Softballs, also ca. 10 cm Durchmesser, erreicht. Im vollreifen Zustand gibt der riesige Pfirsich einen süßen, außerordentlich aromatischen Saft ab. In Dons Heimatstadt gelten alle als Glückspilz, die auf seiner etwa zweihundert Namen umfassenden Liste stehen und eine halbe Kiste oder mehr von dieser Delikatesse bekommen.

Normalerweise liefert Don seine Pfirsiche an die Menschen auf seiner Liste selbst aus und lädt dazu achtundachtzig Kisten in seinen Wagen. Vergangenen Sommer hatte Don eine größere Operation und war daher körperlich eingeschränkt. Deshalb schickte er den Menschen auf seiner Liste eine E-Mail, in der er ankündigte, wann die Pfirsiche bei ihm ankommen würden und abgeholt werden könnten. Es ging zu wie bei einer Art Halloween für Erwachsene: Wagen um Wagen seiner Freunde machte sich auf den Weg, um „Papa Don's Pfirsiche" abzuholen. Sie konnten es kaum erwarten, ihr Geschenk zu erhalten, ein Moment, auf den sie sich schon das ganze Jahr gefreut hatten. Warum macht Don das? Er sagt: „Diese Pfirsiche gibt es nirgendwo sonst auf der Welt. Ich möchte, dass die Leute etwas Ungewöhnliches erleben. Außerdem macht es mir Spaß, sie den Menschen auf meiner Liste zu schenken, und obendrein weiß ich, dass sie wiederum einen Teil der Pfirsiche an ihre Freunde und ihre Familien weitergeben." So wird die Gabe immer größer.

Der folgende Text ist eine meiner Lieblingsgeschichten. Sie geht auf eine klassische jüdische Erzählung zurück und wird hier wunderschön von Rabbi Ed Feinstein nacherzählt:

Einst, vor vielen Jahren, lebten in einem kleinen Dorf zwei Juden. Reb Chaim war der reichste Mann am Ort und Reb Jankel der ärmste.

Jeden Freitagabend kam Reb Chaim in seinem feinen Schabbat-Mantel und seinem exklusiven Pelzhut in die Synagoge. Wenn der Gottesdienst zu Ende war, stolzierte er den Hügel hinauf in sein prachtvolles Haus. Sein Diener erwartete ihn an der Tür und führte ihn in den fürstlichen Speisesaal, wo ihn eine Tafel erwartete, die eines Königs würdig gewesen wäre. Ihm wurde ein höchst bemerkenswertes Schabbat-Mahl gereicht, begleitet vom köstlichsten, himmlischsten Challa (einem besonderen geflochtenen Brot, dessen Teig mit viel Ei zubereitet wird). Aber nichts davon machte Reb Chaim Freude; denn er war allein. Reb Chaim hatte keine Familie.

Plötzlich erkannte Reb Chaim, was er brauchte – er musste sein Schabbat-Festmahl mit jemandem teilen. Aber mit wem? „Wer ist es wert, an meinem Schabbat-Festmahl teilzunehmen?", fragte er sich. „Nur Gott!", beschloss er. „Möge Gott mein wunderbares Schabbat-Festmahl mit mir teilen." Seinen Bäcker wies er an: „Backe mir nächste Woche zwei Challas mehr."

Am nächsten Schabbat betrat Reb Chaim die Synagoge vor allen anderen und schritt zur Heiligen Lade. Er stand davor und sprach ein kurzes Gebet: „Herr des Alls, jede Woche genieße ich ein prachtvolles Schabbat-Festmahl. Diese Woche möchte ich, dass du, Gott, an meinem Festmahl teilnimmst. Deshalb habe ich dir Challas mitgebracht. Selbst Du, Gott, hast noch nie so gute Challas gekostet!" Mit diesen Worten öffnete Reb Chaim die Lade und steckte die Challas hinter die Thora-Rollen.

Auch Reb Jankel ging am Freitagabend in die Synagoge, aber er kam spät und saß stets ganz hinten. Es war eine schlechte Woche gewesen, ein schlechter Monat, eine schlechte Saison. Woche um Woche hatte Jankels Familie weniger zu essen; und heute Abend brachte er es nicht über sich, seinen Kindern an einem leeren Schabbat-Tisch gegenüberzusitzen. Deshalb verweilte er in der Synagoge, als alle anderen gingen. Als er allein war, ging er zur Heiligen Lade, stand dort ein paar Minuten und betete: „Herr der Welt, wie kannst du zulassen, dass ich nach Hause gehe und sehe, dass meine Kinder hungern? Ich verlasse diese Synagoge erst, wenn du mir hilfst, Gott!" Mit diesen Worten schlug er seine Hände an die Türen der Heiligen Lade. Die Lade öffnete sich, und heraus rollten zwei wunderschöne goldene Challas.

„Ein Wunder!", schrie Reb Jankel. „Danke, lieber Gott, danke!"

Er lief nach Hause und legte die beiden Challas auf den Tisch der Familie.

„Woher hast du solche üppigen Challas?", fragte seine Frau.

„Sie sind ein Geschenk. Ein Wunder Gottes, die Erhörung meiner Gebete. Jetzt lasst uns essen und fröhlich sein!"

Es lässt sich wohl kaum ermessen, wo an jenem Freitagabend die Freude größer war – in dem winzigen, armseligen Haus von Reb Jankel, dessen Kinder noch nie so köstliches Challa gegessen hatten, oder in dem herrschaftlichen Anwesen von Reb Chaim, der mit neuem Geist aß und trank und seine Gebete sang.

Auch in der folgenden Woche gab Reb Chaim bei seinem Bäcker zwei zusätzliche Challas in Auftrag, und wieder legte er sie in die Heilige Lade und sprach: „Lieber Gott, danke, dass du meine Geschenke annimmst." Am Ende des Gottesdienstes, als die Synagoge leer war, näherte sich Reb Jankel erneut bescheiden der Heiligen Lade. „Herr der Welt, ich bin gekommen, um dir für die Freude zu danken, die du meiner Familie letzte Woche erwiesen hast. Dürfte ich vielleicht um ein weiteres Wunder bitten?" Mit diesen Worten öffnete er furchtsam die Lade, und wieder rollten zwei goldene Challas heraus!

So ging es einen ganzen Monat lang. Und noch einen. Und noch einen. Bis ein ganzes Jahr voller Challas vorüber war. Jede Woche füllte Reb Chaim die Lade mit seinen Gaben für Gott; und jede Woche nahm Reb Jankel Gottes Wunder an. Für beide Männer war es das schönste Jahr ihres Lebens.

Als das Jahr sich neigte, geschah etwas Schreckliches. Der Synagogen-Diener, der die Synagoge sauber machte, sah, wie Reb Chaim, der reichste Mann am Ort, mit zwei Challas auf die Heilige Lade zuging und sie vor dem Gottesdienst hineinlegte. Und er sah, wie Reb Jankel, der ärmste Mann am Ort, die Challas nach dem Gottesdienst aus der Lade nahm. Er lief beiden Männern nach und brachte sie wieder in die Synagoge.

„Ihr Narren", verspottete er sie. „Du, Reb Chaim, glaubst du wirklich, dass Gott jede Woche deine Challas isst? Dieser Bettler hier nimmt sie dir weg! Und du Reb Jankel, glaubst du wirklich, dass Gott deine Gebete erhört und deiner Familie zu essen gibt?! Es ist dieser Geizkragen!" Da waren sowohl Reb Chaim als auch Reb Jankel zutiefst verzagt, als sie erkennen mussten, dass es gar kein Wunder gab.

Schließlich kam dem Rabbi zu Ohren, was geschehen war, und er rief alle drei Männer in sein Studierzimmer. Der Rabbi saß an seinem Schreibtisch, den Blick starr auf ein heiliges Buch gerichtet. Er schüttelte den Kopf und seufzte traurig: „Wisst ihr, dass dieses Wunder seit der Erschaffung der Welt vorgesehen war? Es war Gottes besondere Freude, es Woche für Woche aufs Neue zu erleben. Eure Hände waren Gottes Hände. Wie kann das Wunder wiederhergestellt werden?"

Da sahen Reb Chaim und Reb Jankel einander zum ersten Mal an und wussten sofort, was der Rabbi meinte. Am darauffolgenden Freitagabend öffnete Reb Chaim nicht die Türen der Heiligen Lade, *sondern die seines Hauses für Reb Jankels Familie, und sie wiederum erfüllten sein Haus mit Liedern und einem fröhlichen Geist.*

Dann wandte der Rabbi seinen mächtigen Blick dem Synagogen-Diener zu: „Du bist ein grausamer und böser Mann. Nun höre deine Strafe. Noch heute Abend wirst du diese Stadt verlassen, in der Welt umherziehen, und jedem, dem du begegnest, wirst du die Geschichte vom Wunder von Reb Chaim und Reb Jankel erzählen. Wenn du stirbst, werden deine Kinder die Geschichte erzählen; und wenn sie sterben, werden ihre Kinder die Geschichte erzählen. Bis jeder Mensch in jedem Winkel der Erde die Geschichte gehört hat. Auf diese Weise wirst auch du das Wunder wiederherstellen."

Und jetzt, liebe Leserin und lieber Leser, hast auch du die Geschichte gehört.

Von Herzen geben

Man kann geben ... und man kann von Herzen geben.

Die Bibel macht deutlich, dass Menschen nicht immer gerne geben. Ja, als das Volk Israel geschätzt werden sollte, weist Gott Mose an, dass jedermann über zwanzig Jahre einen halben Schekel geben solle, der dann zum Bau des transportablen Tabernakels in der Wüste verwendet werden sollte.

> Dies sollen sie geben, jeder der durch die Musterung geht: Die Hälfte eines Schekels ... Der Reiche soll nicht mehr und der Arme nicht weniger ... geben.
>
> SCHEMOT – AUSZUG (2. MOSE) 30, 13, 15 (TUR-SINAI)

Doch Gott weist Moses auch an, Gaben „von jedermann, den sein Herz willigt" (Das Buch Namen [2. Mose] 25, 2 [Buber]) anzunehmen. An anderer Stelle heißt es: „Nehmet, von euch aus, IHM eine

Hebe, alljeder in seinem Herzen Willige, bringe sie …" (Das Buch Namen [2. Mose] 35, 5 [Buber]).

Wie gibt man von Herzen?

Man gibt bereitwillig. Man gibt nicht nur materielle Gaben, sondern auch die Gabe eines bereitwilligen Herzens.

Die Bibel legt darauf ausdrücklich besonderen Wert:

> Wenn unter dir ein Armer sein wird, irgendeiner deiner Brüder in einem deiner Tore, in deinem Land, das der Ewige, dein Gott, dir gibt, so verhärte nicht dein Herz und verschließe nicht deine Hand vor deinem Bruder, dem Armen, sondern öffnen sollst du ihm deine Hand und sollst ihm leihen ausreichend für seinen Bedarf, so viel ihm fehlt.
>
> DEBARIM – RÜCKSCHAU (5. MOSE) 15, 7-8 (TUR-SINAI)

Gott weiß, dass bei einem verhärteten Herzen die Hand verschlossen ist. Wenn das Herz hart ist, werden wir gleichgültig gegenüber den Bedürfnissen anderer. Wenn das Herz offen ist, sehen wir den anderen anders. Dann betrachten wir den Obdachlosen auf der Straße nicht als faulen Landstreicher. Wir sehen einen Menschen, geschaffen nach dem Bilde Gottes.

Wenn wir unser Herz öffnen und die Liebe herauslassen, dann öffnen wir unsere Hand.

Wenn wir unser Herz öffnen und die Liebe herauslassen, dann öffnen wir unsere Hand.

Wenn wir geben, dann nehmen wir.

Wir nehmen die Gewissheit, dass durch unsere liebevolle Gabe etwas Gutes geschieht.

Wir nehmen ein Gespür für einen großzügigen Geist in unser Herz auf.

Wenn wir geben, werden wir nicht geringer. Ganz im Gegenteil.

Unser Herz füllt sich mit Dankbarkeit, dass unser Beitrag etwas bewirkt hat.

Von Herzen zu geben, bedeutet, mit Liebe zu geben.

Im Kindergarten haben unsere Kinder ein Lied gelernt, eine Abwandlung von „Magic Penny" von Malvina Reynolds, das mich in seiner Einfachheit und Tiefe immer sehr berührt hat:

> Love is something if you give it away, give it away, give it away.
> Love is something if you give it away, – it comes right back to you.
> It's just like a magic penny,
> Hold it tight and you won't have any.
> Lend it, spend it, give it away –
> It comes right back to you.
> Love is something if you give it away, give it away, give it away.
> Love is something if you give it away, - it comes right back to you.

> (Die Liebe ist so: Wenn du sie weitergibst, weitergibst, weitergibst,
> die Liebe ist so: wenn du sie weitergibst – kommt sie zu dir zurück.
> Sie ist wie ein Zaubergroschen,
> halt ihn fest, und er ist verloschen.
> Verleih ihn, verschenk ihn, gib ihn fort,
> dann kommt er zurück, an denselben Ort.
> Die Liebe ist so, wenn du sie weitergibst, weitergibst, weitergibst,
> die Liebe ist so, wenn du sie weitergibst – kommt sie zu dir zurück.)

Als unsere Tochter Havi dreißig wurde, gaben wir bei uns zu Hause ein kleines Abendessen. Zufällig fiel der große Tag auf einen Freitag. Wir luden unsere Familie und Freunde von Havi ein, das Schabbatmahl mit uns zu halten, mit der kleinen Abwandlung, dass es zum Nachtisch den Geburtstagskuchen geben würde. Havis 95-jähriger Großvater Sejde K. reiste sogar aus Omaha nach Kalifornien; er hat keinen einzigen von Havis dreißig Geburtstagen verpasst.

Zuvor hatte ich Havis Bruder Michael in New York angerufen und ihm angeboten, ihm ein Flugticket für die Reise zu uns zu schicken. „Oh Dad", sagte er mit trauriger Stimme, „ich habe so schrecklich viel zu tun; die lassen mich wahrscheinlich gar nicht weg."

Der Abend war großartig. Als Havi den Geburtstagskuchen anschnitt, klopfte es an der Tür. Dort stand Lucy, eine ehemalige Schulfreundin von Michael. Und genau hinter Lucy stand Michael! Er hatte dafür gesorgt, dass er überraschend doch noch kommen konnte. Eine gelungene Überraschung nicht nur für Havi, sondern auch für Sejde K., Susie und mich. Es folgten alle Arten von Freudenschreien, während der Bruder die Schwester umarmte, ihr zum Geburtstag gratulierte und ihr eines der schönsten Geschenke überhaupt machte – seine Anwesenheit.

Sei ein Bote

Vor unserer ersten Reise nach Israel geschah etwas höchst Erstaunliches.

Ich erzählte einem Freund, dass Susie und ich in einer Woche abreisen würden, und plötzlich zückte er seinen Geldbeutel, zog einen Ein-Dollar-Schein heraus und gab ihn mir.

„Das ist für *Zedaka* (Wohltätigkeit)", sagte er. „Finde jemanden, der es braucht. Jetzt bist du ein *Schaliach Mizwa* – ein Mizwa-Bote. Gott wird dich beschützen."

Ich verstand augenblicklich. Jetzt hatte meine Reise noch ein ganz besonderes zusätzliches Ziel, eine Aufgabe, die unser Erlebnis über einen einfachen Urlaub hinaushob und zu einer Reise mit einem heiligen Zweck adelte.

Ich faltete die Dollarnote sorgfältig und steckte sie in ein besonderes Fach meines Geldbeutels und in ein besonderes Fach meines Herzens. Ständig dachte ich daran – wen würde ich finden, der den Dollar benötigte? Wie würde ich mich fühlen, wenn ich ihn schließlich jemandem gab?

Auf einer Straße in Jerusalem sah ich sie. Sie war eine alte Frau in zerlumpten Kleidern und saß auf dem blanken Stein des Gehwegs an der Ecke einer schmalen Gasse. Ihre Zähne waren verfault, und ihr Haar schaute zerzaust unter einem abgetragenen Schal hervor. Sie nuschelte etwas auf Hebräisch, als ich auf sie zukam, streckte die offene Hand aus und sah mich mit ängstlichen Augen an. Ich öffnete meinen Geldbeutel und holte den Dollarschein heraus, den ich nun im Auftrag meines Freundes an jemand Bedürftigen geben sollte. Ich reichte ihr den Dollar, und ihre Augen hellten sich auf. Sie nahm ihn rasch an sich und steckte ihn blitzschnell irgendwo in ihre Kleidung. Sie sagte nichts, aber ich: „Todah", flüsterte ich, „Danke". Wie auf Wolken ging ich weiter, dankbar, dass meine Mission nun erfüllt war, geehrt, dass Gott mich behütet und damit gesegnet hatte, dass ich diese gute Tat vollbringen konnte, diese kleine Geste der Freundlichkeit.

Alle, die an diesem Augenblick teilhatten, taten Gottes Werk. Ich erfüllte die Verpflichtung, die mir zugewiesene Aufgabe auszuführen. Mein Freund, der Spender des Dollars, erfüllte nicht nur die Mizwa des Gebens, sondern auch die Mizwa, meiner Reise Sinn zu verleihen. Auch wenn es ihr nicht klar war, so hatte die arme Frau doch eine Gabe von einem anonymen Spender erhalten; ich war lediglich der *Schaliach*, der Bote. Von allen Spenden, die ich in meinem Leben gegeben habe, war dieser eine Dollar die bedeutendste.

Sei ein Engel-Bote. Nimm einen 5-Euro-Schein aus deinem Geldbeutel. Jetzt! Warte nicht. Lege ihn in einen Umschlag. Schreibe darauf „Gott segne dich" und gib ihn jemandem aus deiner Familie oder einem Freund. Bitte ihn oder sie, dein Engel-Bote zu sein und ihn an einen Menschen oder für eine gute Sache weiterzugeben. Gib Geld weiter. Wenn du einen bedürftigen Menschen siehst oder von einer guten Sache hörst, dann gib. Es wird Gutes bewirken und dir gut tun. Mache dir die Geste des Gebens regelmäßig zu einer Möglichkeit, Gottes Werk zu tun.

Geben ist Leben

Im Land Israel gibt es zwei große Gewässer. Im Norden liegt ein riesiger See, der als das Galiläische Meer oder der See Genezareth bezeichnet wird. Er ist ausgesprochen fischreich, und die Menschen genießen die angenehme Brise, die dort weht. Der Jordan speist ihn von Norden und setzt im Süden seine Reise weiter fort. In der Wüste im Süden liegt ein zweites Gewässer. Darin gibt es keinerlei Leben; es riecht nach Schwefel, und niemand wohnt in seiner Umgebung. Der Jordan fließt hinein, aber nicht wieder heraus.

Was ist der Unterschied zwischen diesen beiden Gewässern?

Das Galiläische Meer gibt und lebt.

Das andere Meer gibt nichts. Man nennt es das Tote Meer.

> Dich selbst zu geben, kann die größte Gabe von allen sein.

Genau wie diese zwei Meere in Israel gibt es auch zwei Arten von Menschen auf der Welt.

Sir Winston Churchill sagte: „Wir verdienen unseren Lebensunterhalt mit dem, was wir bekommen, aber wir gestalten unser Leben mit dem, was wir geben."

Gib von deinen gottgegebenen Gaben, wenn du etwas von Gottes Aufgaben-Liste vollbringst.

Gottes Aufgaben-Liste

✓ Geben

81. Was ist deine Leidenschaft? Worin bist du gut? Nutze deine Talente, um anderen zu dienen.

82. Gib anonym. Schicke Blumen in ein Altersheim.

83. Schenke jemandem die Gabe des Lernens: Gib einem Kind in deiner Nachbarschaft Nachhilfe, oder leihe jemandem ein Buch, das du liebst.

84. Gib von deiner Zeit – sie ist dein kostbarstes Gut. Erkundige dich bei deiner Gemeinde (Rathaus, Synagoge, Kirchen), wo und wie du dich ehrenamtlich engagieren kannst.

85. Freue dich an der Gabe des Gebens. Gib großzügig und aus ganzem Herzen von deinen Ressourcen.

86. Schaffe in deiner Speisekammer ein Regalfach, in dem du Konserven für eine Spende an einen Essenstreff oder Ähnliches in deinem Ort aufbewahrst.

87. Stelle ein Spendendöschen neben dein Bett. Dort lege jeden Abend ein paar Cents aus deinen Taschen oder deinem Geldbeutel hinein. Spende das Geld für einen guten Zweck.

88. Gib den Bedürftigen, was du sonst bei ebay verkaufen würdest. Spende deine abgelegte Kleidung einer örtlichen Kleiderkammer.

89. Überrasche jemanden mit deiner Anwesenheit.

90. Spende Blut.

10

Vergib

Es ist vielleicht das Schwierigste, worum man einen Menschen bitten kann: Einem anderen zu vergeben, der ihm etwas angetan hat.

Gott vergibt.

Das dramatischste Beispiel für Gottes Vergebung in der Bibel ist die Erfahrung am Berg Sinai. Moses hat das Volk Israel aus Ägypten in die Wüste geführt. Am Fuß des Berges angekommen, steigt Moses allein hinauf zur höchsten Begegnung mit Gott. Dort, auf dem Gipfel, empfängt Moses die *Zehn Gebote* unmittelbar von Gott. Sie sind in zwei Steintafeln eingraviert, geschrieben vom „Finger Gottes".

Moses bleibt vierzig Tage und vierzig Nächte auf dem Berg. Unterdessen wird das Volk unruhig und befürchtet, ihr Anführer sei verschwunden. Sie erschaffen einen Götzen, ein *Goldenes Kalb*, dem sie opfern und zu dem sie beten. Gott sagt Moses, was geschehen ist, und droht, das Volk zu vernichten.

Und der Ewige sprach zu Mosche: „Ich habe dieses Volk gesehen und sieh, es ist ein steifnackig Volk. So lass mich denn, dass mein Angesicht aufflamme wider sie und ich sie vernichte; dich aber werde ich zu einem großen Volk machen."

SCHEMOT – AUSZUG (2. MOSE) 32, 9-10 (TUR-SINAI)

Mit anderen Worten, Gott hat vor, die Israeliten auszulöschen und mit den Nachfahren des Moses von vorne anzufangen. Aber Moses will davon nichts hören. Er bedrängt Gott:

> „Warum, o Ewiger, soll dein Angesicht aufflammen wider mein Volk, das du aus dem Lande Mizraim geführt hast mit großer Kraft und mit starker Hand? Warum sollen die Mizräer sprechen: ‚In Bösem hat er sie herausgeführt, um sie in den Bergen umzubringen und sie vom Erdboden zu vertilgen?‘ Lass von deines Antlitzes Glut und bedenke dich ob des Unheils für dein Volk! Gedenke es Abraham, Jizhak und Israel, deinen Knechten, denen du bei dir geschworen und zu denen du gesprochen hast: Ich will euren Samen zahlreich machen wie die Sterne des Himmels, und dieses ganze Land, von dem ich gesprochen habe, will ich eurem Samen geben und sie sollen es besitzen für ewig."
>
> SCHEMOT – AUSZUG (2. MOSE) 32, 11-13 (TUR-SINAI)

Und Gott vergibt.

> Da bedachte sich der Ewige ob des Unheils, das er geredet hatte, seinem Volk zu tun.
>
> SCHEMOT – AUSZUG (2. MOSE) 32, 14 (TUR-SINAI)

Doch als Moses mit eigenen Augen sieht, wie die Menschen das Goldene Kalb anbeten, schleudert er die Tafeln zu Boden, so dass sie in Stücke brechen. Moses ist wütend, aber er erkennt, dass er bei Gott Fürsprache einlegen muss, um den Bund zu erneuern:

> „Ihr habt eine große Sünde begangen, und nun will ich zu dem Ewigen hinaufsteigen, vielleicht kann ich Sühne erwirken für eure Sünde." Und Mosche kehrte zum Ewigen zurück und sprach:

„Ach, eine große Sünde hat dies Volk begangen, und sie haben sich Götter aus Gold gemacht! Und nun, wenn du doch ihre Sünde verzeihen wolltest! Wenn aber nicht, so lösche mich doch aus deinem Buch, das du geschrieben!"

SCHEMOT – AUSZUG (2. MOSE) 32, 30-32 (TUR-SINAI)

Gott sagt Moses, dass die Menschen, die gesündigt haben, bestraft werden, aber Gott weist Moses an, die Menschen ins Gelobte Land zu führen. Mehr noch, Gott sagt Moses, er solle zwei neue Tafeln herstellen und für eine zweite Offenbarung der Zehn Gebote vorbereiten. In einem der schönsten Abschnitte der Bibel verkündet Gott das Wesen der Vergebung:

Ewiger, Ewiger, Gott, barmherzig und gnädig, langmütig und reich an Liebe und Treue. Der Liebe bewahrt tausenden (Geschlechtern), der vergibt Schuld und Missetat und Sünde ...

SCHEMOT – AUSZUG (2. MOSE) 34, 6-7 (TUR-SINAI)

Wenn Gott vergeben kann, dann kannst du es auch.

Es ist nicht so leicht, Unrecht zu vergeben. Nach jüdischer Tradition wird ein Unrecht mit dem hebräischen Begriff *Chet* wiedergegeben, was oft als „Sünde" übersetzt wird, aber eigentlich bedeutet „das Ziel verfehlen".

Wir zielen darauf ab, gut zu sein. Unsere Absichten sind gut. Und doch werden unsere Bemühungen abgelenkt, kommen vom Wege ab, werden verkehrt. Menschen werden verletzt; manchmal gerade die Menschen, die uns am nächsten stehen. Wir verletzen immer diejenigen, die wir lieben.

Wenn Gott vergeben kann, dann kannst du es auch.

Der Akt der *Teschuwa* – was oft als „Reue" übersetzt wird, in Wirklichkeit jedoch „Umkehr" bedeutet – ist einer der höchsten

Werte im Judentum. Eine ganze Abfolge Hoher Feiertage ist ihr gewidmet. Sie beginnen mit den *Selichot*-Gebeten, die um Vergebung bitten, eine Umkehr zu guten Werken geloben und uns daran erinnern, dass Menschen zur Gottähnlichkeit fähig sind.

Doch die Bitten aller Konfessionen der Welt an Gott können den einen mutigen Akt nicht ersetzen, ohne den es keine wahre Reue, keine wahre Umkehr gibt. Du musst denjenigen, dem du Unrecht getan hast, um Vergebung bitten. Und derjenige, dem Unrecht getan wurde, muss sie gewähren.

> Du musst denjenigen, dem du Unrecht getan hast, um, Vergebung bitten. Und derjenige, dem Unrecht getan wurde, muss sie gewähren.

Dieser Prozess der Versöhnung zwischen Menschen ist einer der schwierigsten Punkte auf Gottes Aufgaben-Liste. Doch wenn du das Reservoir der Göttlichkeit in deinem Inneren anzapfst, dann kannst du es. Du kannst um Vergebung bitten; und du kannst vergeben.

Um Vergebung bitten

Nach jüdischem Glauben können Worte allein ein Unrecht nicht wiedergutmachen. Sechs Schritte sind nötig, um Vergebung zu erbitten:

Tue es nicht wieder. Was immer du tust oder getan hast, das andere verletzt hat, du musst damit aufhören. Die Bitte um Vergebung beginnt mit Taten, nicht mit Worten.

Erkenne, dass das, was du getan hast, falsch ist. Das erfordert Selbstreflexion und Einsicht in das, was du getan hast und warum du es getan hast. Es ist eine Sache, wenn dir jemand sagt, dass das, was du getan hast, falsch ist, aber es ist etwas völlig anderes, wenn du das selbst erkennst.

Empfinde Reue für dein Handeln. Menschen, denen Unrecht geschehen ist, macht es vor Gericht sehr wütend, wenn der Täter weder Bedauern noch Verzweiflung oder Trauer zeigt und keinerlei Wiedergutmachung anbietet. Wenn du wirklich Vergebung suchst, dann sage, dass es dir leid tut.

Mache es wieder gut. Wenn du jemandem Unrecht zugefügt hast, weil du ihm Geld gestohlen hast, dann zahle es zurück. Wenn du jemandes Ruf ungerechtfertigt geschädigt hast, dann stelle ihn so gut als möglich wieder her.

Bekenne. Im Gebet gibt es das öffentliche Schuldbekenntnis, besonders an Jom Kippur, dem Versöhnungstag. Das persönliche Bekenntnis, das im Gebet *Al Chet* zum Ausdruck kommt, kann vor Gott und im stillen Gebet geleistet werden.

Bitte um Vergebung. Gehe auf denjenigen zu, dem du Unrecht getan hast und bitte ihn um Vergebung. Tue das mehrmals, falls nötig. Wahrscheinlich wirst du es mehrmals tun müssen.

Dieser Prozess ist nicht einfach. Doch wenn du jemanden wirklich um Vergebung bitten willst, dann bereiten diese sechs *Teschuwa*-Schritte den Weg dazu, wenn du sie nur aufrichtigen Herzens vollziehst.

Vergeben

Eine ebensolche Herausforderung wie die Bitte um Vergebung ist das Vergeben selbst, ja vielleicht ist es sogar eine noch größere.

Im Judentum gibt es keine „einfache" Vergebung. Nur wenn derjenige, der um Vergebung bittet, es ernst meint – und diesen Ernst anhand der sechs *Teschuwa*-Schritte unter Beweis stellt – hat er Vergebung *verdient*.

Selbst dann noch kennt die Tradition verschiedene Ebenen der Vergebung.

Die erste, *Mechila*, entlässt den Täter aus seiner Schuld. Sie ist wie eine Begnadigung für einen Verbrecher, der eine Zeit abgesessen und Wiedergutmachung angeboten hat. „Du hast mir und der Gesellschaft gegenüber für deine Schuld bezahlt, aber das Verbrechen als solches bleibt bestehen."

Die zweite, *Selicha*, ist Vergebung aus dem Herzen. Sie entspringt einem tiefen Verständnis für die menschliche Unvollkommenheit und der Bereitschaft zum Mitgefühl.

Die dritte, *Kappara*, ist die Entsühnung – die endgültige Vergebung – die nur Gott schenkt.

Rabbi Harold Schulweis erlebt Familien, deren Mitglieder nicht miteinander sprechen: Eltern reden nicht mit ihren Kindern, Kinder nicht mit ihren Eltern und Geschwister nicht miteinander. In einer Predigt mit dem Titel „Vergebung und Versöhnung"[19], die er an Rosch ha-Schanna des Jahres 2000 hielt, sprach er folgende weise Worte über die Vergebung:

In meinem Studierzimmer klingelt das Telefon. Papa ist gestorben. Nun müssen die Vorbereitungen für die Beerdigung getroffen werden.

„Ich würde das gerne mit der ganzen Familie besprechen", sage ich. Die Stimme am anderen Ende der Leitung schweigt.

„Das wird nicht ganz einfach werden, Rabbi", sagt sie schließlich.

„Warum? Wohnen sie weit weg?"

„Das nicht, sie wohnen alle hier. Aber die Jungs sprechen schon seit zehn Jahren nicht mehr miteinander. Und dasselbe gilt für ihre Kinder. Die würden noch nicht einmal miteinander im selben Zimmer sitzen."

„Aber es ist doch ihr Vater", erwidere ich.

Die Stimme am anderen Ende sagt: „Ich weiß."

---

19 Die vollständige Predigt *Forgiveness and Reconciliation* ist (auf Englisch) nachzulesen unter www.vbs.org/rabbi/hshulw/forgiv.htm. (A.d.Ü.)

Ich spreche mit den Söhnen, ihren Frauen und Kindern – einzeln. Nicht gemeinsam. Bei der Beerdigung sitzen die Brüder und ihre Familien getrennt voneinander, nicht zusammen und nicht im selben Zimmer, sondern auf getrennten Bänken in getrennten Zimmern. Warum? Wie hat das angefangen? Wann hat es angefangen? Wenn ich nach der Ursache des Ärgers frage, muss ich erfahren, dass sich niemand in der Familie mehr daran erinnern kann, wie es zu dieser ausweglosen Situation kam. Keiner kennt den Ursprung, aber der verhängnisvolle Stillstand wird endlos aufrechterhalten ….

Unser Glaube weiß, dass ich nicht vollkommen bin. Ich bin nicht makellos, nicht fehlerfrei. Ich habe Sünden, die ich bekennen muss und für die ich um Vergebung bitte.

Und ihr, was vergebt ihr? Glaubt ihr, dass Vergebung einzig und allein Sache Gottes ist? Glaubt ihr, Gebete funktionieren nur vertikal – von oben nach unten?

Der Talmud lässt das nicht zu. „Die Übertretungen zwischen Gott und dem einzelnen Menschen sühnt der Tag der Versöhnung; aber die Übertretungen zwischen dem Einzelnen und seinen Mitmenschen vergibt der Tag der Versöhnung nicht, es sei denn, man entschuldigt sich persönlich beim anderen und bittet ihn um Vergebung."

Aber im Judentum liegt der Sinn des Betens nicht darin, Gott zu schmeicheln, sondern darin, Gott nachzuahmen. Es geht nicht darum, Gott Bewunderung entgegenzubringen, sondern darum, Gottes Wirken nachzueifern. Gott ist das Ideal, das Vorbild, dem ich in meinem Leben horizontal nacheifern muss – zwischen mir und euch, meiner Familie und Freunden – Bruder, Schwester, Sohn, Tochter. Die Rabbis haben die moralische Parallele klar benannt: „Wie Gott gnädig ist, so sei auch du gnädig. Wie Gott mitfühlend ist, so sei auch du mitfühlend. Wie Gott vergibt, so vergib auch du."

Ich weiß, dass du jetzt denkst: „Armer, unschuldiger, naiver Rabbi. Weißt du, was er mir angetan hat? Was sie gesagt hat? Wie diese

Leute mich schikaniert haben? Wie kann ich da vergeben? Wie kann ich vergessen, was er, sie, diese Leute getan haben?"

Warte, lieber Freund. Wer sagt denn, dass du vergessen sollst? Was hat Vergebung mit Vergessen zu tun? Wo steht geschrieben, dass Gott deine Sünde vergisst, wenn er sie dir vergibt? Das Judentum ist ein Glaube, der mit beiden Beinen auf dem Boden der Realität steht. Vergeben bedeutet nicht vergessen, vergeben bedeutet, von innerer Wut befreit zu werden, befreit zu werden von dem Streben nach Rache, das dich völlig beansprucht und deiner Familie das Leben vergällt. Vergeben heißt nicht vergessen. Niemand erwartet von dir, dass du vergisst. Niemand glaubt, dass Vergebung die Erinnerung an den Schmerz und die Angst vor Verletzung auslöscht. …

Wir können die Uhr nicht zurückdrehen. Vergebung macht die Vergangenheit nicht ungeschehen, aber sie verspricht einen neuen und anderen Ausgang. Wenn du vergibst, wenn du Versöhnung suchst, dann sind die Dinge wahrscheinlich nicht wieder so wie vor der Verletzung. Aber du kannst eine neue Beziehung gestalten, eine Beziehung, in der man miteinander spricht und anständig miteinander umgeht.

Nutze den Augenblick. Durchbrich die Ausweglosigkeit. Lasse die Wut versiegen. Durchbrich die Starrköpfigkeit. Überwinde die Abscheulichkeit des Geschehenen. Öffne dein Herz, öffne deinen Mund. Tätige den ersten Anruf. Gib den Anstoß zum ersten Anbohren der Mauer des Schweigens. Versöhne. Beuge dich.

Versöhnung ist schwer. Sie verlangt ein gewisses Maß an Heldenmut und Opferbereitschaft. Opfer wird stets mit Sühne verbunden. Opfer gibt es immer, in der alten wie in der modernen Zeit. Liebe kostet etwas. Vergebung kostet etwas. Versöhnung kostet etwas. Frieden kostet etwas. Familie kostet etwas. Überwinde deinen Stolz. Begrabe deine Starrköpfigkeit. Bringe das Opfer.

Versöhnung birgt ein Risiko. Was ist, wenn der Mensch, mit dem du Frieden schließen möchtest, nicht reagiert, wenn er verstockt bleibt? Der Weise Maimonides drängt uns in der Mischna Thora, den Frieden miteinander zu suchen, immer und immer wieder. Erst wenn dein Gegenüber nach drei Versuchen immer noch starrsinnig bleibt, dann darfst du ihn oder sie in Ruhe lassen. Jetzt ist derjenige der Sünder, der die Versöhnung verweigert. Er oder sie gilt als grausam.

Das erfordert Mut. Unsere Weisen haben gefragt: „Wer ist ein Held?" Die Antwort lautet: „Derjenige, der einen Feind zum Freund, einen Gegner zum Verbündeten macht." Es lassen sich immer hundert Gründe dafür finden, nicht die Hand zu reichen. Aber das Ausstrecken der Hand beginnt jetzt. Schau dem anderen in die Augen – Papa, Mama, Sohn, Tochter, Bruder, Schwester, Freundin, Freund. Haben wir heute dasselbe nicht mit den Worten des Propheten Jeremia gehört?

> Ist nicht Ephraim mein teurer Sohn und mein liebes Kind? Denn sooft ich ihm auch drohe, muss ich doch seiner gedenken; darum bricht mir mein Herz, dass ich mich seiner erbàrmen muss.
>
> JEREMIA 31, 20 (LUTHER 1984)

Mache dein Herz weit. Umarme den anderen. Heile den Schmerz. Gott vergibt. Gott sucht die Versöhnung.
Wagen wir es nicht?

Carol hat eine Schwester, Diane, die ihr vor vielen, vielen Jahren schrecklich unrecht getan hat. Seither haben die beiden keinen Kontakt mehr zueinander. Letztes Jahr lag Diane in einem Krankenhaus in Chicago im Sterben. Sie rief Carol in New York an, um sie zu benachrichtigen. „Was ich getan habe, tut mir zutiefst leid, und ich möchte dich gerne noch einmal sehen, bevor ich sterbe." Carol legte den Telefonhörer auf und begann zu schluchzen. Würde sie Diane vergeben können? Sie nahm das nächste Flugzeug nach Chicago und eilte an Dianes Bett. Die beiden Schwestern umarmten sich nach vierzig Jahren zum ersten Mal wieder. Diane flüsterte: „Bitte vergib mir. Ich war im Unrecht." Carol wischte sich die Tränen fort und sagte: „Ich vergebe dir. Es tut mir leid, dass es so lange gedauert hat bis jetzt. Du hast mir gefehlt."

„Du hast mir auch gefehlt", schluchzte Diane. „Und jetzt bleibt uns nur noch so wenig Zeit."

In den darauffolgenden zwei Wochen erzählten sich die beiden Schwestern stundenlang aus ihrem Leben und tauschten Erinnerungen an die guten Zeiten vor dem Streit aus. Dabei bemerkten sie ihre Ähnlichkeiten – schließlich waren sie Schwestern. Als die Zeit gekommen war, schloss Carol Diane die Augen und gab ihr einen letzten Abschiedskuss. Nach der Beerdigung sagte sie, sie sei sich sicher, Diane habe noch so lange leben wollen, um Zeit zur Versöhnung mit ihr zu haben, und dass sie sich nun fühle, als sei ihr ein riesiger Felsblock vom Herzen gefallen.

Sich selbst vergeben

Um Vergebung zu bitten und zu vergeben, hat eine entscheidende Vorbedingung – *sich selbst zu vergeben*.

Du bist nicht vollkommen. Du wurdest nicht dazu erschaffen, vollkommen zu sein.

König Salomo sagte:

> Keinen Menschen gibt's auf Erden, so gerecht, daß er nur Gutes tät und nimmer fehlte.
>
> KOHELET 7, 20 (TUR-SINAI)

Es ist nicht leicht.

Also, du hast es vermasselt. Du hast denjenigen, dem du Unrecht getan hast, um Vergebung gebeten. Und er hat dir vergeben.

Aber jetzt kannst du dir selbst nicht vergeben. Du fühlst dich schuldig. Du bist emotional wie gelähmt. In deinem Kopf spielst du die Sache immer wieder durch. Sie liegt dir schwer auf dem Herzen. Du kannst dir im Spiegel nicht in die Augen sehen.

Sei nicht so hart zu dir. Gott weiß, dass du dir selbst vergeben musst, um innerlich frei zu werden.

Die Nacht der Vergebung, der Tag der Entsühnung

Als ich noch ein Kind war, war der hohe Feiertag Jom Kippur für mich eine Zeit voller Geheimnisse, Ehrlichkeit und Religiosität. Die Synagoge meiner Jugend betrat ich dann durch das hintere Vestibül, dessen Wände die Erinnerungstafeln unserer lieben Verstorbenen säumten. Neben jedem Namen war eine kleine Glühlampe angebracht, die normalerweise nur am jeweiligen Todestag angeschaltet war. Aber zu *Kol Nidrei* (dem Abendgebet an Jom Kippur) leuchteten alle Lampen und erzeugten einen überirdischen Schimmer, der das Heiligtum mit den Erinnerungen an die Seelen erfüllte, die wir liebten.

Jom Kippur liebe ich bis heute. Er ist mein Lieblingsfeiertag. Dieser Tag hat etwas zutiefst Verwandelndes. Er ist der Höhepunkt der *Zehn Tage der Erneuerung*, der zehn Tage, in denen ich über mein Leben und meine Aufgabe in der Welt nachgedacht habe.

An Jom Kippur bin ich nur ein ganz klein wenig geringer als die Engel. Ja, alle religiösen Handlungen dieses Tages sind dazu da, mir dabei zu helfen, dass ich mich auf meine Seele und nicht auf meinen Körper konzentriere, dass ich mich von meiner animalischen Existenz zu etwas Höherem erheben kann. An Jom Kippur verbringe ich fast den ganzen Tag in der Synagoge, tief versunken in Gebet, Studium und Reflexion. Ich esse und trinke nicht. Ich trage kein Leder, weil es ein Zeichen des Luxus ist, und ich trage keine Uhr.

Einer meiner Nachbarn geht noch einen Schritt weiter. Er trägt ein weißes Gewand, einen sogenannten Kittel. Es ist eigentlich kein Gewand, sondern ein Totenhemd. Traditionelle Juden tragen es, weil wir an Jom Kippur unseren Tod proben, wenn unsere Seele und die guten Taten, die wir auf Erden getan haben, alles sind, was uns bleibt. Ich stehe vor der Heiligen Lade, dem *Aron* auf Hebräisch. Aron ist zugleich das Wort für Sarg. Das letzte Hemd hat keine Taschen, „es kommt alles wieder in die Kiste".

All das dient einem einzigen Zweck: Die Seele soll aufrichtig Bilanz ziehen und sich Rechenschaft ablegen – *Cheschbon ha-Nefesch*, eine Bilanz, die zu Verwandlung, Veränderung und Erneuerung führt.

Diese Erneuerung beginnt mit dem Gebet *Kol Nidrei*, einem Gebet um Vergebung für einen selbst. Ich kann noch einmal von vorne anfangen und ein neues Jahr auf einem unbeschriebenen Blatt beginnen.

Die eingängige Melodie, die Worte des Gebetes und die Vorfreude auf den bevorstehenden Tag erzeugen zusammen einen Augenblick hohen spirituellen Bewusstseins, des Bewusstseins, dass die Seele zwar in einem fehlbaren Körper wohnt, selbst aber ein Funke Gottes ist. An Jom Kippur wird die Seele befreit, sie wird befreit von Schuld und Angst, sie wird befreit, damit sie die Göttlichkeit widerspiegeln kann.

Diese Erneuerung des Geistes beginnt mit der Vergebung für einen selbst. Ich wollte abnehmen, aber ich habe es nicht getan. Ich wollte mehr Zeit mit meiner Familie verbringen, aber ich habe es nicht getan. Ich wollte meinen Bruder um Vergebung bitten, aber ich habe es nicht getan. Natürlich bin ich enttäuscht von mir, weil ich nicht „vollkommen" bin, weil ich die Versprechen, die ich mir selbst und anderen gab, nicht eingehalten habe, weil ich meine Vorsätze nicht umgesetzt habe. Doch jetzt beginnt ein neues Jahr. Morgen ist wirklich ein neuer Tag; und ich kann es noch einmal versuchen.

Du bist ein Spiegelbild Gottes, und du hast das Gute in dir. Du hast die Kraft zu vergeben – nicht nur denjenigen, die dir Unrecht getan haben, sondern auch dir selbst. Dir selbst zu vergeben, beginnt damit, dir selbst ins Gesicht zu sehen, anzuerkennen, dass du zum damaligen Zeitpunkt und mit deinem damaligen Wissen dein Bestes getan hast. Es beginnt damit, deine Verantwortung zu akzeptieren, dich aufrichtig zu entschuldigen, wiedergutzumachen, was dir möglich ist, und um das zu weinen, was du nicht wiedergutmachen kannst. Es beginnt damit, den Schmerz zu spüren – und noch einmal von vorne anzufangen.

Geh nicht zornig ins Grab.
Es braucht Mut, um Vergebung zu bitten.
Es braucht Mut zu vergeben.
Vergib anderen.
Vergib dir selbst.
Dein göttlicher Funke vermag es.
Setze es auf deine Aufgaben-Liste von Gott.

Gottes Aufgaben-Liste

✓ **Vergeben**

91. Geh nie im Zorn auf einen deiner Lieben ins Bett. Nie.

92. Vergib jemandem, der zu spät kommt.

93. Vergib eine Schuld.

94. Vergib dir selbst; Gott hat es bereits getan.

95. Denke an jemanden, dem du Unrecht getan hast. Sage, dass es dir leid tut. Bitte um Vergebung.

96. Wenn jemand, der dir Unrecht getan hat, sich um Versöhnung bemüht, dann vergib ihm oder ihr.

97. Vergib deinen Politikern für ihre Fehler.

98. Vergib deinen Geistlichen; sie sind überfordert.

99. Bitte einmal im Jahr alle, die du kennst, um Vergebung. Manchmal sagen andere nie, wie sehr du sie verletzt hast.

100. Vergib Gott. Gott vergibt dir.

Was kommt dann?

Als Michael Jordan ein weltberühmter Basketballstar wurde, engagierte ihn der Nike-Konzern als Repräsentant. Ein Fernsehwerbespot zeigte einen übermenschlichen Sportler, der ein anscheinend unmögliches Kunststück vollbringt – Jordan hebt an der Drei-Punkte-Linie ab, steigt bis weit über den Korb in drei Metern Höhe und versenkt den Ball. Wenn alle gesehen haben, wie ein Mensch diese unglaubliche Leistung vollbringt, erscheint folgende Schlagzeile aus nur drei Worten über die volle Bildschirmbreite: „Just do it!" (Tu's einfach!)

Jetzt ist es Zeit, dass du es einfach tust.

Schau dir noch einmal alle zehn Aufgaben-Listen an. Wenn dir bestimmte gute Taten eingefallen sind, die Gott wohl auf deine persönliche Aufgaben-Liste setzen würde, dann suche jetzt die besten heraus und setze sie in die leere „Meine Aufgaben-Liste von Gott" am Ende dieses Kapitels ein. Kopiere dir die Liste und lege sie irgendwohin, wo du sie zwangsläufig jeden Tag siehst. Schreibe deinen Namen in die oberste Zeile. Schaue dir die Liste jeden Tag an. Wichtiger noch, tue die Aufgaben auf deiner Aufgaben-Liste von Gott. Wenn du eine dieser gottgefälligen Taten getan hast, dann setze einen Haken dahinter – nicht als Zeichen, dass dieser Punkt erledigt ist, sondern als Erinnerung daran, dass du jeden Tag das Potenzial zum Engel hast und in der Welt etwas bewirken kannst.

Erschaffe. Segne. Ruhe. Rufe. Tröste. Sorge. Repariere. Ringe. Gib. Vergib.

Jeder hat etwas zu geben, und jeder kann etwas tun. Die Frage ist: Bist du bereit, die Aufgaben auf deiner Aufgaben-Liste von Gott zu tun? Bist du bereit, ein Engel zu sein?

Eine berühmte Geschichte über den chassidischen Meister Sussja, aus dem 18. Jahrhundert, erzählt, dass er eines Tages von seinen Schülern völlig verstört und in Tränen aufgelöst angetroffen wurde:

„Meister", riefen sie, „was quält dich so? Du siehst erschrocken aus."

„Ich hatte eine Vision", antwortete Sussja, „dass mich, wenn ich das himmlische Gericht erreiche, die Engel über mein Leben befragen."

„Aber Meister, du bist ein Gelehrter, der uns gut unterrichtet hat. Du bist ein bescheidener Mann. Welche Frage sollten sie dir stellen, die dich so erschrecken könnte?"

Sussja sah auf zum Himmel und sagte: „Die Engel werden mich nicht fragen: ‚Warum warst du nicht wie Moses, der die Israeliten aus der Knechtschaft in die Freiheit geführt hat?' Ich bin nicht Moses. Sie werden mich nicht fragen: ‚Warum warst du nicht wie Josua, der das Volk ins Gelobte Land gebracht hat?' Ich bin nicht Josua."

„Aber was werden sie dich dann fragen?", rätselten die Schüler.

„Sie werden sagen: ‚Es gab nur eines, wovon dich keine Macht des Himmels und der Erde hätte abhalten können.' Sie werden mich fragen: ‚Warum warst du nicht Sussja?'"

Wenn du in den Himmel kommst, was sagst du, wenn die Engel dich fragen: „Warum hast du nicht das Bestmögliche aus dir gemacht? Hast du dein Potenzial ausgeschöpft? Hast du deine Aufgabe in dem großen Werk erfüllt, diese Welt – deine Welt – zu einem Ort zu machen, der von Gottes Gegenwart erfüllt ist? In Gottes großem Plan hat jeder Mensch einen einzigartigen Beitrag, den nur er leisten kann, jeder hat seine besondere Art und Weise, Gottes Werk auf Erden zu tun. Jeder Mensch ist ein vollwertiger Partner Gottes im stetig andauernden Schöpfungswerk.

Es geht ums Tun.

Am Höhepunkt des Gebetes Sch'ma Israel, dem wichtigsten Glaubensbekenntnis des jüdischen Volkes, steht folgender Ruf Gottes:

Damit ihr gedenkt aller meiner Gebote und sie ausübt und heilig
seid eurem Gott.

BEMIDAR – WÜSTENZUG (4. MOSE) 15, 40 (TUR SINAI)

Tue es einfach.

Drei weitere Möglichkeiten, ein Engel zu sein und Gottes Werk auf Erden zu tun

Wie sich im Wasser das Angesicht spiegelt, so ein Mensch im
Herzen des anderen.

SPRÜCHE 27, 19 (LUTHER 1984)

Martin Buber, ein großer Philosoph des 20. Jahrhunderts, lehrte,
dass das ganze Leben sich in der Begegnung zwischen Menschen
abspielt. In der Beziehung werden alle Menschen von einem „Ich-
Es"-Verhältnis zu einem „Ich-Du"-Verhältnis erhoben. Gott hatte
nie die Absicht, dass der Mensch alleine sei.

Du bist nicht allein.

Du bist von anderen Menschen umgeben – geschaffen nach dem
Bilde Gottes – die genau dasselbe Potenzial haben wie du, Gottes
Partner zu sein, ihre Lebensaufgabe zu erfüllen, Gottes Werk auf
Erden zu tun.

Aber du musst sie daran erinnern. Also …

Geh nicht einfach an einem anderen vorüber.

Denke an das Philtrum, die kleine Rille, die wir alle unter der
Nase haben. Wir wurden alle einst von einem Engel berührt, und
es ist unsere Aufgabe, uns die Fähigkeit, ein Engel zu sein, wieder
zu eigen zu machen.

Zeige nicht die kalte Schulter. Zeige ein warmes Herz.

Sprich mit anderen über dieses Buch.

Sprich mit anderen über dein neues Verständnis vom Sinn und Zweck deines Lebens.

Heiße andere in der Gottespartnerschaft willkommen.

Fang dazu mit den folgenden drei abschließenden Aufgaben an:

101. Schaue jeden Menschen, der dir begegnet, genau an,

     von Angesicht zu Angesicht,

     von Auge zu Auge,

     von Herz zu Herz.

102. Anerkenne den göttlichen Funken in jedem

     und

103. Lächle!

_____

_____

_____

_____

_____

_____

_____

_____

_____

_____

Willkommen, Engel!

Nach jüdischer Tradition beginnt das Schabbatmahl mit einem Lied der Gastfreundschaft, dem *Schalom Alejchem*, wörtlich übersetzt: „Willkommen euch." Das Gebet heißt Gottes „dienende Engel"– jene Engel, die Gott dienen, indem sie Gottes Volk dienen – im jeweiligen Zuhause willkommen. Da man traditionell Gäste einlädt, um am Freitagabend den Schabbat gemeinsam zu feiern, ist das Gebet auch ein Willkommenslied für sie.

Die Worte des Liedes sind lehrreich. Zuerst werden die Engel willkommen geheißen. Dann werden sie hereingebeten. Die Engel haben die Macht zu segnen, und sie werden um einen Segen gebeten. Schließlich werden sie in die Welt hinausgesandt, um anderen ihren Dienst und ihren Segen zu erweisen.

Dieses Gebet bete ich für dich. Ich heiße dich als Engel willkommen und lade dich in die weltweite Gemeinschaft der dienenden Engel Gottes ein, die hingebungsvoll Gottes Werk auf Erden tun. Ich ermuntere dich, dein Werk als Segen zu betrachten – für andere und für Gott. Ich sende dich hinaus in die Welt, damit du deine Aufgaben im Vertrauen darauf tust, dass du wichtig bist, etwas bewirken kannst und ein Segen bist.

Gott segne dich.

Friede mit Euch, Engel des Dienstes,
Engel des Höchsten,
vom Gebieter aller Gebieter,
des Heiligen, gelobt sei er.

Euer Kommen sei zum Frieden,
Engel des Friedens,
Engel des Höchsten,
vom Gebieter aller Gebieter,
des Heiligen, gelobt sei er.

Segnet mich mit Frieden,
Engel des Friedens,
Engel des Höchsten,
vom Gebieter aller Gebieter,
des Heiligen, gelobt sei er.

Ziehet hin in Frieden,
Engel des Friedens,
Engel des Höchsten,
vom Gebieter aller Gebieter,
des Heiligen, gelobt sei er.[20]

---

20 Nachama, Dr. Andreas und Sievers, Jonah (Hrsg.), *Jüdisches Gebetbuch Schabbat und Werktage*, Gütersloher Verlagshaus 2009.

Meine Aufgaben-Liste von Gott

1. Erschaffe

2. Segne

3. Ruhe

4. Rufe

5. Tröste

6. Sorge

7. Repariere

8. Ringe

9. Gib

10. Vergib

Gottes Aufgaben-Liste:
Zehn Tage der Erneuerung

Vielleicht wirst du eingeladen, dieses Buch als Teil eines Kurses deiner Gemeinde mit dem Titel „Gottes Aufgaben-Liste: Zehn Tage der Erneuerung" zu lesen. Damit bietet sich dir Gelegenheit, das Buch gemeinsam und zugleich mit anderen zu lesen und Predigten darüber zu hören, und das alles mit dem Ziel, deine persönliche Aufgaben-Liste von Gott zu erstellen. Möglicherweise wirst du außerdem eingeladen, in kleinen Gruppen innerhalb deiner Gemeinde darüber zu diskutieren und danach zu handeln.

Jüdische Leserinnen und Leser können, beginnend mit dem jüdischen Neujahr, an den *Zehn Tagen der Erneuerung* von Rosch ha-Schana bis Jom Kippur gemeinsam mit anderen Gemeindemitgliedern täglich ein Kapitel von *Gottes Aufgaben-Liste* lesen.

Die *Zehn Tage der Erneuerung* gelten als Zeit des Nachdenkens über sich selbst und der spirituellen Erneuerung. Diese Zeit, gemeinhin als die *Zehn Tage der Ehrfurcht* oder die *Zehn Tage der Umkehr* bezeichnet, beginnt mit den Gebeten zu Rosch ha-Schana zur Feier der Erschaffung der Welt – in denen wir Gottes alleinige Herrschaft anerkennen, seines Bundes gedenken und Gottes Herrlichkeit preisen – und endet mit den Gebeten zu Jom Kippur, dem Tag der Versöhnung, in denen wir Gott und unsere Mitmenschen um Vergebung für unsere Fehler bitten.

Diese *Zehn Tage der Erneuerung* sind eine wunderbare Gelegenheit, darüber nachzudenken, wie du Gottes Werk auf Erden tun kannst. Wenn du das Buch zusammen mit anderen Gemeindemitgliedern im selben Rhythmus liest, dann geschieht es vielleicht sogar, dass du in deiner Familie, mit Freunden oder Nachbarn darüber sprichst, wie du deine Lebensaufgabe als Gottes Mitarbeiter erfüllen kannst. Womöglich spricht dein Rabbi in seinen Predigten an den zehn hohen Feiertagen sogar über einzelne Punkte aus dem Buch; und in der Pause am Nachmittag von Jom Kippur könnte deine Gemeinde einen Gesprächskreis über *Gottes Aufgaben-Liste* anbieten. Am Ende der *Zehn Tage der Erneuerung* bist du dann so weit, dass du als Richtlinie für deine Bemühungen im kommenden Jahr deine eigene Aufgaben-Liste von Gott erstellen kannst. Deine Gemeinde könnte auch kleine Gruppen anbieten, die sich mit wichtigen Möglichkeiten befassen, Gottes Mitarbeiter bei der Vervollkommnung der Welt zu sein.

Im Folgenden ein Vorschlag für einen Leseplan für Gottes Aufgaben-Liste an den *Zehn Tagen der Erneuerung*:

Tag	Kapitel
1 Rosch Ha-Schana erster Tag	Einführung/Erschaffe
2 Rosch ha-Schana zweiter Tag	Segne
3	Ruhe
4	Rufe
5	Tröste
6	Sorge
7	Repariere
8	Ringe
9	Gib
10 Jom Kippur	Vergib

Deine Aufgaben-Liste von Gott am Ende des Buches füllst du am besten gleich nach dem Fastenbrechen an Jom Kippur aus, solange deine Gedanken daran noch frisch sind.

Für christliche Leserinnen und Leser könnten die Gemeinden einen zweiwöchigen Kurs zum Thema Gottes-Aufgaben-Liste anbieten:

Sonntag	Einführung – Einführungspredigt „Gottes Aufgaben-Liste"
Montag	Erschaffe
Dienstag	Segne
Mittwoch	Ruhe
Donnerstag	Rufe
Freitag	Tröste
Samstag	Sorge
Sonntag	Repariere – Predigtthema „Die Welt reparieren"
Montag	Ringe
Dienstag	Gib
Mittwoch	Vergib
Donnerstag bis Samstag	Meine Aufgaben-Liste von Gott erstellen
Sonntag	Abschlusspredigt „Ein Engel sein" und Gespräch über Gottes Aufgaben-Liste

Deine Gemeinde könnte auch kleine Gruppen anbieten, die sich mit bestimmten Möglichkeiten befassen, ein Engel zu sein und Gottes Werk auf Erden zu tun. Du kannst dich bei Facebook mit „*God's To-Do List*" vernetzen und mit anderen über die Themen im Buch und die Punkte auf ihren Listen sprechen sowie deine eigene Liste posten.[21]

---

21 (Leider bisher nur auf Englisch. Anm. d. Ü.).

Ganz gleich, welchen Glaubens du bist, denke stets daran: Jeder Mensch ist nach dem Bilde Gottes geschaffen. Lege deine Aufgaben-Liste an einen Ort, wo du sie jeden Tag siehst. Erfülle die Punkte auf deiner Liste. Lebe deine Lebensaufgabe. Sei Gottes Mitarbeiter. Und denke daran: Immer, wenn du das tust, bist du ein Segen!

Nachwort

Seelen berühren, Leben verändern

Am Ende sind wir wieder am Anfang. Der erste Punkt auf Gottes Aufgaben-Liste lautet „Erschaffe".

Der Schöpfungsakt beginnt also mit einer Absicht, die sich oft in Worten ausdrückt: Etwas erschaffen, es ansehen, es beurteilen, es benennen und es schließlich dokumentieren und sich ins Gedächtnis einprägen.
Gottes letzte Geschöpfe – die Menschen – sind mit derselben Fähigkeit zu erschaffen versehen.

Als Gott die sechs Schöpfungstage abgeschlossen hat, sagt uns die Bibel:

Und Gott sah alles, was er gemacht hatte, und sieh, es war sehr gut.

BERESCHIT – ANFÄNGE (1. MOSE) 1, 31 (TUR-SINAI)

Dieses Buch zu schreiben, stand viele Jahre lang auf meiner Aufgaben-Liste von Gott. Ich bin zu einer Zeit aufgewachsen, als viele Geistliche sich scheuten, darüber zu sprechen, wie man eine persönliche Beziehung zu Gott aufbauen kann. Meine religiösen und schulischen Lehrer beließen es für mich in bester Absicht bei dem kindlichen Bild von Gott als einem alten Mann mit weißem Rauschebart, der irgendwo im Himmel auf einem Thron sitzt. Nicht einmal meine Eltern wussten so recht, wie sie mit dem Thema umgehen sollten. Mein Vater behauptete von sich, er sei Agnostiker.

Erst als ich Abraham Joshua Heschel begegnete, dem großen jüdischen Philosophen des 20. Jahrhunderts, wurde der Funke meiner religiösen Vorstellungskraft entfacht. Der Titel seines schöpferischen Meisterwerks sagt bereits alles: *Gott sucht den Menschen.*

Was?

Gott sucht den Menschen?

Sollte es nicht vielmehr heißen: „Der Mensch sucht Gott"?

Nein, lehrte Heschel. Gott sucht uns. Gott sucht dich. Gott sucht mich.

Damit wir Gottes Mitarbeiter werden. Damit wir sein Werk tun. Damit wir Gottes Engel auf Erden sind. Diese Offenbarung brachte meine Welt als Teenager ins Wanken; und sie hat mich in meinem Beruf als jüdischer Lehrer seither stets beflügelt.

Als ich Stuart M. Matlins, meinem guten Freund und Verleger bei Jewish Lights, erzählte, dass ich dieses Buch in wenigen Wochen geschrieben hatte, sagte er verständnisvoll: „Ja, Ron, aber du hast schon seit vielen Jahren darüber nachgedacht."

Und das stimmt.

Dieses Werk des „Erschaffens" hat mir ebenso viel Freude bereitet, wie es mich Demut gelehrt hat. Wie bei den meisten kreativen Tätigkeiten, schrieb ich das Buch in der Absicht, etwas Wichtiges weiterzugeben und im Leben der Leserinnen und Leser etwas zu bewirken. Aber wie jede Autorin und jeder Autor weiß, geschieht so etwas nur, wenn das Buch veröffentlicht wird, wenn die Leser es entdecken, beurteilen und dem Autor etwas dazu sagen.

Seit der Erstveröffentlichung von „Der Himmel sucht Mitarbeiter" habt ihr mir sehr viel dazu gesagt. Bei Vortragswochenenden in Gemeinden, bei Lesungen und per E-Mail haben mir viele Menschen gesagt, inwiefern das Buch Seelen berührt und Leben verändert hat. Im Folgenden habe ich einige Beispiele zusammengestellt.

Meine erste Stelle als Lehrer wurde mir von Rabbi Bernard Lipnick von der B'nai Amoona Gemeinde in St. Louis angeboten. Ich war noch Student an der Washington University, und der gute Rabbi brauchte dringend einen Jugendleiter für ein innovatives Programm zur religiösen Erziehung von Teenagern. Es war eine der prägendsten Erfahrungen meines Lebens und meiner beruflichen Laufbahn. Du kannst dir bestimmt vorstellen, wie sehr ich mich deshalb gefreut habe, als Rabbi Lipnick und Rabbi Carnie Rose mich zu einem Vortragswochenende in B'nai Amoona unmittelbar vor den jüdischen Hohen Feiertagen einluden. Jedem Haushalt wurde ein Exemplar von „Der Himmel sucht Mitarbeiter" geschickt, damit alle das Buch als Vorbereitung auf nicht nur eine, sondern sogar zwei „Kampagnen" auf der Grundlage des Buches lesen konnten. Die erste war der Kurs „Zehn Tage der Erneuerung" zwischen Rosch ha-Schana und Jom Kippur, wie er im Kapitel „Und was kommt dann?" umrissen ist. Die zweite Kampagne war eine Talentsuche, ein Aufruf an die Gemeindemitglieder, „ein Engel zu sein" und Mittel für die langfristige gesunde Finanzplanung von B'nai Amoona zu werben. Der Kurs war gut besucht und die Kampagne hat bis heute Überschüsse von fünfeinhalb Millionen Dollar erbracht.

Der komischste Moment des Jahres ereignete sich am Sonntagmorgen meines Wochenendes bei B'nai Amoona. Ich sprach vor über vierhundert Kindern der Sonntagsschule im Alter zwischen acht und siebzehn Jahren und ihren Eltern bei der Eröffnungsversammlung zum neuen Jahr. Als Überleitung zu Rabbi Bunims Erklärung vom „Engelsmal" bat ich die Kinder, unter die Nase ihrer Eltern zu schauen und mir zu sagen, was sie da sahen. Ein kleiner Schlauberger streckte sich und rief: „Popel!" Das war nun nicht unbedingt die Antwort, die ich erwartet hatte.

Auch verschiedene andere Gemeinden boten den Kurs „Zehn Tage der Erneuerung" an. Temple Israel in Westport in Connecticut tat es zu Ehren von Betsy Woolf, einem allseits beliebten, kürzlich verstorbenen ehrenamtlichen „Engel". Nach meinem ersten Besuch dort stellte ein anonymes Gemeindemitglied folgendes Dankschreiben auf die Website der Gemeinde:

Ich bin relativ neu bei Temple Israel. Ich hatte nie die Ehre, Betsy Woolf kennenzulernen, aber ich bin dankbar und gerührt, dass ihre Familie „Der Himmel sucht Mitarbeiter" an unsere gesamte Gemeinde weitergegeben hat, um ihr Leben und Werk zu ehren. Ich möchte ihnen dafür danken. Ich habe vor kurzem meine Mutter verloren, und dieses Buch hat mir geholfen, meine Trauer zu verarbeiten. Meine Mutter war meine beste Freundin, meine Vertraute und ein wichtiges Element in meiner Welt und in der meiner Familie. Eigentlich haben wir sie bereits vor vielen Jahren verloren, als Alzheimer ihr das Gedächtnis raubte. Wie Betsy, war auch meine Mutter einer von Gottes Engeln auf Erden, und die Aufgaben-Liste unserer Familie ist ein Spiegel ihres Vermächtnisses und der vielen Dinge, die sie uns gelehrt hat.

Im Anschluss daran stellte die anonyme Schreiberin die komplette Aufgaben-Liste ihrer Familie mit vielen Aufgaben für jede der zehn Eigenschaften Gottes ins Netz.

Ein weiteres Gemeindemitglied schrieb:

Im Laufe der letzten paar Tage habe ich das recht schmale Buch meiner Familie laut vorgelesen, und zu unserer Überraschung waren wir alle von der ersten Seite an mit ganzem Herzen dabei. Im Grunde sagt Mr. Wolfson – oder „Ron", wie er sich uns heute Vormittag vorgestellt hat – dass wir nach dem Bilde Gottes geschaffen sind und Gott nicht auf Engel angewiesen ist, sondern darauf, dass wir Engel sind. Eines meiner Lieblingszitate aus der Einleitung lautet: „Du bist vielleicht nur ein einzelner Mensch auf der großen weiten Welt, aber vielleicht bist du auch die Welt für einen einzelnen Menschen."

Während ich das Buch las und mir die Aufgaben ansah, hatte ich ständig das Gesicht meiner Mutter vor Augen. Sie war unser Engel, der jeden Tag mühelos und liebevoll Gottes Werk auf Erden tat. Sie hat ihre alten Eltern versorgt, Freunde angerufen, einfach um den Kontakt zu halten, lustige Gedichte geschrieben und Fotoalben kreiert, um ihren Freunden mit ihrem Humor das Leben zu verschönern. Sie hatte immer ein offenes Ohr für Familie und Freunde, arbeitete unermüdlich für die Älteren in der jüdischen Gemeinde und vor allem hat sie dabei die Nr. 103 auf der Liste im Buch nie vergessen: Zu lächeln.

Ich empfehle dieses Buch inniglich Menschen aller Glaubensrichtungen als herzerwärmende Erinnerung daran, mit welchen Kleinigkeiten wir Gottes Mitarbeiter sein können. Es hat jeden in meiner Familie auf seine eigene Weise berührt.

Es ist kein Zufall, dass beide Leserinnen an ihre Mutter erinnert wurden. Jeder kann in seinem Leben ein Vorbild finden, einen Menschen, der sich wie ein Engel Gottes auf Erden verhält.

Eines Tages erhielt ich eine E-Mail von Rabbi David Levy, dem Direktor von Jewish Life an der Colgate University. Darin berichtete er mir von einem erstaunlichen Projekt auf seinem Campus. Er lud die Studentinnen und Studenten ein, *„Der Himmel sucht Mitarbeiter"* mit ihm gemeinsam zu lesen und dann unter dem Motto „Calling all Angels" (Ruf an alle Engel) eine öffentliche Kampagne zu organisieren, die auf den einzelnen Kapiteln aufbaun und die Studierenden dazu auffordern sollte „Engel-Werke" zu tun. Um die

Studierenden zum „Erschaffen" anzuregen, stellte die Gruppe zum Beispiel in den Räumen der Studenten-Vertretung ein Spin-Art-Gerät auf, mit dem sie kunstvolle Grußkarten gestalten konnten, die dann an kranke Kinder im St. Jude's Children Research Hospital oder an Marines im United States Marine Corps geschickt wurden. Nach dem Kapitel „Ruhe" schlossen sie sich mit anderen Organisationen auf dem Campus zusammen, um auf dem Campus eine große Studienpause auszurichten, einschließlich kostenlosem Essen, Massagen und einem Tisch, an dem man sich einen „Stressball" basteln konnte. Nach nur drei Monaten Kampagnen-Dauer waren bereits über zweihundert Colgate-Studenten „Engel" auf dem Campus geworden.

„Der Himmel sucht Mitarbeiter" ist von Menschen aller Glaubensrichtungen angenommen worden. Als ich in meiner Heimatstadt Omaha einen Vortrag hielt, brachte die Lokalzeitung einen großen Bericht über meine Lesung im Jüdischen Gemeindezentrum. An einem Dienstagabend war der Saal ausverkauft, und es gab nur Stehplätze. Als ich die Menschen am Eingang zum Saal begrüßte, verrieten mir viele ihre Religionszugehörigkeit – unter den Zuhörerinnen und Zuhörern waren Juden, Christen, Katholiken und Mormonen. Ich fühlte mich geehrt, dass Pater Steven E. Boes, der Vorsitzende der weltberühmten Kinderdorf-Organisation *Girls and Boys Town*, anwesend war. Stelle dir meine Freude vor, als das Buch Platz sieben auf der Bestsellerliste der *Catholic Booksellers Association* (Verband der Katholischen Buchhändler) erreichte!

Viele halten mich für einen Rabbi; aber das bin ich nicht. Ich wurde zwar an der Rabbiner-Schule angenommen, habe mich aber ins Lehren und Unterrichten verliebt. Wenn ich höre, dass *„Der Himmel sucht Mitarbeiter"* Thema Dutzender, vielleicht sogar Hunderter Predigten war, dann freue ich mich wie ein Schneekönig. Sylvan

Groth, Laienpredigerin der Universalist Church, hat mir von ihrer Erfahrung mit dem Buch berichtet:

Ich möchte Ihnen sagen, wie sehr Sie mir bei einer Predigt geholfen haben, die ich in meiner Kirche, der First Universalist Parish of Chester in Vermont, gehalten habe. Ich sprach über die vierte Quelle des unitarischen Universalismus. Das sind „jüdische und christliche Lehren, die uns dazu aufrufen, Gottes Liebe zu erwidern, indem wir unsere Nächsten lieben wie uns selbst". Ich habe meine Predigt zum großen Teil auf „Der Himmel sucht Mitarbeiter" und dem Kinderbuch „Das Buch der Wunder. Jüdische Spiritualität für junge Leute" von Lawrence Kushner aufgebaut.

Wie gut eine Predigt angekommen ist, kann ich danach immer daran beurteilen, wie lange ich brauche, bis ich hinter dem Pult wieder hervorkommen kann, weil die Menschen zu mir nach vorne kommen und mit mir reden, sobald der Gottesdienst vorbei ist. Nun, kaum dass ich zu Ende gesprochen hatte, standen nicht nur sechs Leute vor mir, sondern sie wollten auch alle ein Exemplar Ihres Buches! Ihre Botschaft von dem Engel-Mitarbeiter hat viele meiner Gemeindemitglieder im Innersten berührt. Dass Universalisten ganz begeistert reagieren und etwas wollen, das das Wort „Gott" im Titel trägt, ist wirklich höchst außergewöhnlich.

Danke, dass Sie mir so wunderbares Quellenmaterial für meine Predigt gegeben haben!

Zwar betone ich gegenüber Zuhörern und Lesern immer, dass kleine Aufgaben, wie zum Beispiel ein Anruf bei einem einsamen Menschen, große Wirkung haben können, aber viele fühlen sich dennoch zu großen Projekten angeregt. So schreibt zum Beispiel Marie Poole:

Lieber Dr. Wolfson,

Sie kennen mich nicht, aber ich brüte schon eine ganze Weile über einer Idee für eine Mizwa. Zufällig habe ich dann in der Internet-Buchhandlung Borders Ihr Buch „Der Himmel sucht Mitarbeiter" entdeckt. Ich habe begonnen, es zu lesen und bin von Vielem, was Sie sagen, zutiefst inspiriert. Beim Lesen verspürte ich den Impuls, Ihnen von meiner Mizwa-Idee zu erzählen. Ich möchte eine Website entwerfen, mit der ich den guten Willen der Menschen ansprechen und sie zu Zedaka (ursprünglich „Gerechtigkeit", heute meist im Sinne von „Wohltätigkeit" gebraucht) anregen möchte. Ich stelle mir vor, dass diese Website verschiedene Foren zu unterschiedlichen Mizwa-Projektideen hat, dass örtliche Wohltätigkeitsorganisationen dort ihre Wunschlisten einstellen können und es Diskussionen zu allen anderen Mizwot gibt, insbesondere zu den Ideen, die Sie in Ihrem Buch vorstellen. Vielleicht gibt es ja noch mehr Menschen wie mich mit großen Ideen.

Doch die berührendsten Momente sind für mich die, in denen ich Menschen begegne, die von den Geschichten in den Kapiteln „Ringe" und „Vergib" zu Tränen gerührt wurden. So viele haben schmerzliche Verluste, Krankheiten und Tragödien erlitten und ringen mit Gott. So viele haben jemanden in der Familie, die oder der sich von den anderen abgesondert hat – jemanden, der nicht bereit ist, den Mut aufzubringen und um Vergebung zu bitten oder sie zu gewähren. Wenn nach der Geschichte von Diane und Carol eine Leserin oder ein Leser auf mich zukommt und sagt: „Ich rufe heute noch meine Schwester an!", dann erkenne ich die Macht der Versöhnung.

Es ist ein großer Segen, von dir zu hören. Ich lade dich ein, mir an meine E-Mail-Adresse rwolfson@ajula.edu zu schreiben. Ich bete, dass du dazu angeregt wirst, deine rechtmäßige Rolle als Gottes

Partner auf Erden einzunehmen, ein Engel für die Menschen in deiner Umgebung zu sein und Gottes Gegenwart in dein Leben und in das Leben anderer zu bringen.

Danke, dass du meine „Schöpfung" annimmst und sie „gut" heißt. Gott segne dich!

Ron Wolfson

Hinweis an die Leserinnen und Leser

Gottes Aufgaben-Liste enthält jüdische Weisheiten für Menschen aller Glaubensrichtungen. Die Bibelstellen wurden folgenden beiden Übersetzungen der *Fünf Bücher Mose* entnommen: Etz Hayim: *Tora and Commentary*, edited by David L. Lieber (Jewish Publication Society, Philadelphia, 2001) und *The Five Books of Moses* translated by Everett Fox (Schocken, New York 1995). Wenn ich selbst schreibe, vermeide ich maskuline Pronomen für Gott, in den Bibelzitaten habe ich jedoch die Original-Übersetzung unverändert belassen.

Hinweis der Übersetzerin:

Für die deutsche Ausgabe wurden folgende Bibel-Übersetzungen verwendet:

Die Heilige Schrift ins Deutsche übertragen von Naftali Herz Tur-Sinai, Hänssler Verlag 2008.

Die Schrift, aus dem Hebräischen verdeutscht von Martin Buber gemeinsam mit Franz Rosenzweig, in 4 Bänden, Deutsche Bibelgesellschaft 1976.

An Stellen, an denen die oben genannten Bibelübersetzungen stark von dem von Wolfson zitierten Text abwichen, wurde hilfsweise die Lutherbibel in der revidierten Fassung von 1984 verwendet. Diese Zitate wurden dem Bibelportal der Deutschen Bibelgesellschaft unter www.die-bibel.de entnommen.

Quellenangaben und Literaturempfehlungen

Amann, Paula, Journeys to A Jewish Life: Inspiring Stories from the Spiritual Journeys of American Jews, Jewish Lights 2007.

Borowitz, Eugene B. und Schwartz, Frances W. A., Touch of the Sacred: A Theologian's Informal Guide to Jewish Belief, Jewish Lights 2007.

Buber, Martin, Ich und Du, Reclam 1995.

Die Erzählungen der Chassidim, Manesse, 1949.

Wer eine Seele rettet, rettet die Welt. Das Martin-Buber-Lesebuch, Crotona, 2010.

Canfield, Jack, Hühnersuppe für die Seele, Goldmann 1996.

Cohen, Norman, Hineini in Our Lives: Learning How to Respond to Others through 14 Biblical Texts & Personal Stories, Jewish Lights 2005.

Dorff Elliot N. The Way Into Tikkun Olam (Repairing the World), Jewish Lights Publishing 2007.

Auf Deutsch sind nähere Erläuterungen zu Tikkun Olam in einem Interview mit Rabbi David Edelmann der Zeitschrift „Was ist Erleuchtung" unter www.wie.org/de/j5/edelman.asp zu finden.

Eiseley, Loren, The Unexpected Universe, Harcourt Brace Jovanovich 1985.

Ford, Marcia, Finding Hope: Cultivating God's Gift of a Hopeful Spirit, SkyLight Paths 2006.

The Sacred Art of Forgiveness: Forgiving Ourselves and Others through God's Grace, SkyLight Paths 2006.

Gore, Al, Eine unbequeme Wahrheit. Die drohende Klimakatastrophe und was wir dagegen tun können, Riemann 2006.

Heschel, Abraham Joshua, Der Sabbat. Seine Bedeutung für den heutigen Menschen, Jüdische Verlagsanstalt, Berlin, vergriffen, Neuauflage in Planung, aber noch nicht terminiert.

Kedar, Karyn, The Bridge to Forgiveness: Stories and Prayers for Finding God and Restoring Wholeness, Jewish Lights 2007.

Kushner, Lawrence, Jüdische Spiritualität, Claudius 2008.

Das Buch der Wunder. Jüdische Spiritualität für junge Leute, Jüdische Verlagsanstalt 2003.

Laufer, Nathan, The Genesis of Leadership: What the Bible Teaches Us about Vision, Values and Leading Change, Jewish Lights 2008.

Lieber, David L., Etz Hayim: Torah and Commentary, Jewish Publication Society 2001.

Lipkis, Andy und Katie, The Simple Act of Planting a Tree: A Citizen Forester's Guide to Healing Your Neighborhood, Your City and Your World, J. P.Tarcher 1990.

Marshall, Jay, Thanking & Blessing – The Sacred Art of Spiritual Vitality through Gratefulness, SkyLight Paths 2007.

Ross, Dennis S., God in Our Relationships: Spirituality between People from the Teachings of Martin Buber, Jewish Lights 2003.

Schwarz, Sidney, Judaism and Justice: The Jewish Passion to Repair the World, Jewish Lights 2008.

Shapiro, Rami, *Die Worte der Weisen sind glühende Kohlen. Das kleine Buch der jüdischen Weisheit*, Krüger 1998.
The Sacred Art of Lovingkindness: Preparing to Practice, SkyLight Paths 2006
Siegel, Danny, *Giving Your Money Away*, Town House Press 2006.
Twerski, Abraham J., *Happiness and the Human Spirit: The Spirituality of Becoming the Best You Can Be*, Jewish Lights 2007.
Warren, Rock, *Leben mit Vision. Wozu um alles in der Welt lebe ich?* Gerth Medien, 2003.
Wolfson, Ron, *Sieben Fragen, die dir auch im Himmel gestellt werden*, Aquamarin 2010
Shabbat: The Familiy Guide to Preparing and Celebrating the Sabbath, Jewish Lights 2002.
The Spirituality of Welcoming: How to Transform Your Congregation Into a Sacred Community, Jewish Lights 2006.
A Time to Mourn, a Time to Comfort: A Guide to Jewish Bereavement, Jewish Lights 2005.

Für die deutsche Ausgabe wurde außerdem folgende Literatur verwendet:
Der Babylonische Talmud, neu übertragen durch Lazarus Goldschmidt, Jüdischer Verlag Berlin 1965.
Der Jerusalemer Talmud. Sieben ausgewählte Kapitel. Übersetzt, kommentiert und eingeleitet von Hans-Jürgen Becker, Reclam 1995.
Leider gibt es keine deutsche Übersetzung des vollständigen Jerusalemer Talmud. Die zitierten Stellen sind in Beckers Auszügen nicht enthalten und wurden daher nach Wolfsons englischer Übersetzung ins Deutsche übertragen.
Die Mischna, ins Deutsche übertragen, mit einer Einleitung und Anmerkungen von Dietrich Correns, Marix Verlag 2005.
Nachama, Andreas Prof. Dr. und Sievers, Jonah (Hrsg.), *Jüdisches Gebetbuch, Schabbat und Werktage*, Gütersloher Verlagshaus 2009.
Die Heilige Schrift ins Deutsche übertragen von Naftali Herz Tur-Sinai, Hänssler Verlag 2008.
Die Schrift, aus dem Hebräischen verdeutscht von Martin Buber gemeinsam mit Franz Rosenzweig, in 4 Bänden, Deutsche Bibelgesellschaft 1976.

Danksagungen

Ich bin mit vielen Familienmitgliedern, Freunden und Kollegen gesegnet, die meine Arbeit an diesem Buch unterstützt haben. Nie geizten sie mit Anmerkungen, Vorschlägen und Ermunterung. Mein Dank geht an Bernice und Alan Wolfson, Bob und Sibby Wolfson, Doug und Sara Wolfson, Nancy und Don Greenberg, Rabbi Bernard und Harriet Lipnick, Ann und Nate Levine, Larry Hoffman, Craig Taubman, Jan Antczak, Rabbi Ed Feinstein, Pater Richard Vosko, Pastor Rick Warren sowie Carolyn Starman Hessel, die erste Entwürfe gelesen und mich beraten hat. Stuart Matlins, Verleger und Cheflektor von Jewish Lights[22], war von der Idee in dem Moment überzeugt, als ich sie ihm vortrug. Er und sein hervorragendes Team – Lauren Seidman, Emily Wichland, Sara Dismukes, Tim Holtz, Kristi Menter und Jenny Buono – widmeten dem Projekt besondere Aufmerksamkeit und Fürsorge. Ich fühle mich geehrt, dass viele bedeutende Führungspersönlichkeiten aus zahlreichen Glaubensrichtungen das Buch gutheißen.

All den Engeln des Alltags, deren Geschichten in diesem Buch erzählt werden, gilt mein aufrichtig empfundener Dank. Havi und Michael, meine beiden sehr erwachsenen Kinder, haben mir im Laufe der Jahre stets erlaubt, Geschichten über sie zu erzählen, weil sie wussten, dass ihr Dad aus tiefstem Herzen Lehrer ist und Lehrer Geschichten sammeln, die Lebenslehren anschaulich machen. Jeder Mensch benötigt einen „Schutzengel", und meiner ist Susie Kukawka Wolfson. Du verleihst mir Flügel, du bist mein Gebet und meine Liebe.

---

22 Der Verlag, in dem die amerikanische Original-Ausgabe erschien. (Anm. d.Ü.)